O FUTURO DOS NEGÓCIOS NOS MERCADOS EMERGENTES

Preencha a **ficha de cadastro** no final deste livro
e receba gratuitamente informações
sobre os lançamentos e as promoções da Elsevier.

Consulte também nosso catálogo
completo, últimos lançamentos
e serviços exclusivos no site
www.elsevier.com.br

NENAD PACEK

O FUTURO DOS NEGÓCIOS NOS MERCADOS EMERGENTES

ESTRATÉGIAS PARA CRESCER COM
VIGOR NOS PAÍSES DO FUTURO

Tradução
Afonso Celso da Cunha Serra

Do original: *The Future of Business in Emerging Markets*
Tradução autorizada do idioma inglês da edição publicada por Marshall Cavendish Business
Copyright © 2012, by Nenad Pacek

© 2013, Elsevier Editora Ltda.

Todos os direitos reservados e protegidos pela Lei nº 9.610, de 19/02/1998.
Nenhuma parte deste livro, sem autorização prévia por escrito da editora, poderá ser reproduzida ou transmitida sejam quais forem os meios empregados: eletrônicos, mecânicos, fotográficos, gravação ou quaisquer outros.

Copidesque: Ana Cristina de Assis Serra
Revisão: Jussara Bivar e Jayme Teotônio Borges Luiz
Editoração Eletrônica: Estúdio Castellani

Elsevier Editora Ltda.
Conhecimento sem Fronteiras
Rua Sete de Setembro, 111 – 16º andar
20050-006 – Centro – Rio de Janeiro – RJ – Brasil

Rua Quintana, 753 – 8º andar
04569-011 – Brooklin – São Paulo – SP – Brasil

Serviço de Atendimento ao Cliente
0800-0265340
sac@elsevier.com.br

ISBN 978-85-352-6394-7
Edição original: ISBN: 978-981-4346-31-3

Nota: Muito zelo e técnica foram empregados na edição desta obra. No entanto, podem ocorrer erros de digitação, impressão ou dúvida conceitual. Em qualquer das hipóteses, solicitamos a comunicação ao nosso Serviço de Atendimento ao Cliente, para que possamos esclarecer ou encaminhar a questão.
Nem a editora nem o autor assumem qualquer responsabilidade por eventuais danos ou perdas a pessoas ou bens, originados do uso desta publicação.

CIP-Brasil. Catalogação na fonte
Sindicato Nacional dos Editores de Livros, RJ

P115f   Pacek, Nenad
            O futuro dos negócios nos mercados emergentes: estratégias para crescer com vigor nos países do futuro / Nenad Pacek; tradução Afonso Celso da Cunha Serra. – Rio de Janeiro: Elsevier, 2012.
            23 cm

            Tradução de: The future of business in emerging markets
            ISBN 978-85-352-6394-7

            1. Administração de empresas. I. Título.

12-5784.   CDD: 658.4012
                                    CDU: 005.51

O AUTOR

NENAD PACEK e suas empresas assessoram diretores globais e regionais de quase 300 empresas multinacionais. É fundador e presidente da Global Success Advisors (consultoria econômica e empresarial global) e cofundador do CEEMEA Business Group (consultoria para executivos regionais que dirigem negócios na Europa Central, Europa Oriental, no Oriente Médio e na África). O objetivo da consultoria é ajudar os participantes a compreender as perspectivas econômicas e empresariais de praticamente todos os países do mundo e colaborar com as empresas no desenvolvimento de estratégias de crescimento sustentável em mercados emergentes.

Autor de *The Global Economy* (2012), principal autor de *Emerging Markets: Lessons for Business Success and Outlook for Different Markets* (2003, 2007) e colaborador no livro *The Future of Money* (2010), Nenad é uma das principais autoridades mundiais em questões de economia e negócios do interesse de empresas multinacionais em busca de crescimento acelerado no âmbito internacional. Profere, em média, duas palestras por semana em eventos empresariais, sobre temas que vão desde perspectivas econômicas e empresariais em âmbitos global, regional e nacional até melhores práticas de negócios para superar a concorrência em nível internacional. Nos círculos empresariais, é bem conhecido por não recorrer a anotações nem a slides em PowerPoint, ao falar e participar de debates.

Nenad é ex-vice-presidente do The Economist Group (Economist Intelligence Unit), no qual passou quase duas décadas orientando empresas multinacionais sobre questões econômicas e empresariais e gerenciando várias unidades de negócios na Europa, no Oriente Médio e na África, e uma unidade de negócios global. Presidiu mais de 100 Economist Government Roundtables, com primeiros-ministros e presidentes, e os respectivos gabinetes, em toda a Europa Ocidental, Europa Oriental, Oriente Médio, África e América Latina.

É membro do Conselho de Administração do Center for Creative Leadership (principal provedor de educação em liderança) e professor convidado da Duke Corporate Education (principal provedor de educação em negócios), Notre Dame Executive MBA e de numerosas universidades de empresas.

Nenad cresceu fora do mundo desenvolvido, mas foi educado na Áustria, onde estudou negócios internacionais, finanças e economia. Mora com a esposa e (em breve) três filhas, perto de Viena, Áustria. Passa seus raros momentos de lazer com a família, mas, às vezes, dá escapadas para jogar basquete, tênis, golfe e esqui, ou nadar.

Para palestras e consultorias, por favor entre em contato diretamente com Nenad Pacek em: nenad.pacek@globalsuccessadvisors.eu.

Ver www.globalsuccessadvisors.eu para ler toda a biografia, depoimentos de clientes e oferta de serviços.

Ver www.ceemeabusinessgroup.com, no qual se encontra a programação das reuniões do grupo de diretores regionais da Europa Central e Europa Oriental, Oriente Médio e África, em várias localidades da Europa e em Dubai, assim como a programação de atualizações econômicas e empresariais sobre esses mercados emergentes.

BIOGRAFIA DAS COLABORADORAS DO CAPÍTULO SOBRE RECURSOS HUMANOS

SANJA HAAS, ex-executiva da Procter and Gamble, presta consultoria e treinamento em várias empresas globais nas áreas de estratégia organizacional e desenvolvimento de liderança. É Senior Fellow e Human Capital Council Coordinator da Conference Board, em Bruxelas, na qual presta serviços na prática de Capital Humano. Também participa do Conselho da Learning, Leadership and Organizational Development. Mora em Bruxelas com o marido e duas filhas.

Sanja Haas pode ser encontrada no seguinte e-mail: sanja@haasconsulting-co.net.

ANTONIJA PACEK é psicóloga industrial pela University of Cambridge. Atualmente, ajuda empresas a melhorar seu potencial de inovação por meio de avaliação e treinamento da criatividade. Antonija codesenvolveu o CIP Survey®, ferramenta holista, com validade científica, que mede a criatividade de indivíduos e organizações. Antes trabalhou na Hewitt Associates e no Center for Creative Leadership. É professora de Psicologia em várias universidades de Viena. Em seu tempo livre, compõe solos de piano, atividade sobre a qual já publicou dois álbuns. Vive perto de Viena, com o marido e (em breve) três filhas.

Antonija Pacek pode ser contatada pelo seguinte e-mail: antonija.pacek@globalsuccessadvisors.eu.

PREFÁCIO DO AUTOR

ESTE LIVRO versa sobre dois temas. Primeiro, trata do que as empresas devem fazer para serem bem-sucedidas nos mercados emergentes do futuro. Segundo, ajuda os executivos a compreender as perspectivas de várias partes do mundo. Em seu componente predominante de negócios, o livro converge o foco para somente dois fatores que concluo serem os mais relevantes, depois de conversar com numerosos executivos e observar muitas empresas ao longo dos últimos anos. Este não é um compêndio sobre negócios internacionais. É um texto mais avançado que põe em foco apenas os fatores críticos de sucesso no futuro. Foi escrito para quem pretende acelerar o crescimento das vendas nos mercados emergentes, de maneira sustentável, e para quem almeja construir posições de mercado fortes. Não é um trabalho científico, nem pretende ser, embora realmente use algumas boas práticas de elaboração de trabalhos científicos de qualidade – antes de rotular algo como tendência, eu me certificava da existência de massa crítica de opiniões e/ou de iniciativas de empresas que justificassem essa caracterização. O livro aborda, acima de tudo, práticas de negócios, embora no primeiro e no último capítulo eu também tenha usado meu chapéu de economista internacional para explicar as megatendências econômicas e as perspectivas econômicas estratégicas de médio prazo aplicáveis às principais regiões e países.

Este livro foi escrito para executivos em nível de gestão global, regional ou nacional de empresas internacionais vultosas (e de outras que pretendam tornar-se mais internacionais), mas também será de enorme proveito para gestores que dirigem negócios internacionais de empresas de médio porte, para as quais o fortalecimento da atuação em âmbito internacional seja meio de sobrevivência. Uma das seções do livro trata especificamente de vários temas relacionados com empresas de médio porte.

Estas palavras de abertura foram as últimas que escrevi para este livro. Redigi o prefácio em um voo de Dubai para Viena, onde resido há mais de 20 anos, enquanto eu refletia sobre por que demorei mais de dois anos para escrever este volume relativamente conciso.

A primeira razão pela qual demorei tanto para completar o livro foi que eu queria observar e conversar com muitos altos executivos regionais e globais, com operações em diferentes setores, e descobrir como suas estratégias para os mercados internacionais estavam mudando ou para que rumo queriam direcioná-las, a fim de garantir sucesso duradouro em mercados emergentes. Mantive-me inflexível em que o âmago da obra devia ser sobre práticas empresariais adotadas por pessoas que efetivamente as haviam experimentado e cuja sobrevivência dependia de promover o crescimento das vendas em mercados emergentes. E queria pesquisar executivos em quantidade suficiente para confirmar certas tendências que eu havia identificado em numerosas sessões de consultoria. Em outras palavras, era preciso reunir massa crítica de opiniões ou iniciativas para que algo fosse reconhecido como tendência visível.

Segundo, eu queria usar os inputs oriundos de sessões internas de planejamento estratégico de empresas, nas quais, com tanta frequência, dou palestras, presto consultoria e participo como ouvinte, como parte do esforço de tantas multinacionais na elaboração de planos para o futuro. Os inputs dessas sessões internas e de outras para clientes do CEEMEA Business Group, como atividade grupal, acrescentaram outra dimensão às visões individuais dos executivos.

Terceiro, eu queria ter tempo para internalizar o que ouvira e para permitir que as várias tendências assim identificadas se assentassem em minha mente durante algum tempo, de modo a acrescentar considerações e opiniões pessoais, bem como para agrupar as tendências, quando estivessem prontas para serem lançadas no papel. Em outras palavras, este livro continuava em elaboração, mesmo quando não o estava escrevendo. Eu também pretendia ver como algumas das novas tendências se associavam às lições aprendidas no passado, que descrevi em meu livro *Emerging Markets: Lessons for Business Success and Outlook for Different Markets*, em 2007.

E, quarto, eu não tinha tempo suficiente para escrevê-lo com rapidez! Em consequência, este livro foi produzido quase todo em três lugares: em aviões, em aeroportos e no meu escritório em casa, geralmente entre as 4 e as 6 horas, enquanto minha mulher e minhas duas filhas dormiam profundamente. Dizem que Stephen King escreveu a maioria de suas histórias de terror a partir das 4 horas. Em muitas empresas, a expansão dos mercados emergentes realmente está começando a parecer uma história de terror, na medida em que os executivos estão sendo pressionados a produzir cada vez mais sem os recursos necessários!

Os propósitos deste livro são evitar a ocorrência dessas histórias de terror; lançar luz sobre as novas complexidades dos negócios internacionais; e, em última instância, desbravar o caminho para o sucesso no contexto complexo dos mercados emergentes no futuro.

Dividi o livro em várias seções que descrevem o que as empresas precisam fazer hoje para superarem os concorrentes nos mercados emergentes, de maneira sustentável: megatendências econômicas e empresariais no ambiente externo; fundamentos estratégicos e estruturais do sucesso duradouro; questões de excelência em marketing; temas de recursos humanos; aquisições como maneira de promover o crescimento da empresa; dicas para a sobrevivência e para o avanço dos executivos; melhores práticas para empresas de médio porte; e perspectivas econômicas estratégicas para regiões e mercados selecionados.

Gostaria de agradecer a todos os meus clientes que continuam buscando a minha assessoria pessoal sobre tendências e mercados empresariais – os que recorrem aos serviços de minhas empresas Global Sucess Advisors e CEEMEA Business Group para desenvolver, alterar e sintonizar suas estratégias internacionais e manter-se atualizados em relação ao desenvolvimento dos mercados em todo o mundo. Sem a contribuição generosa desses executivos, este livro não existiria, razão por que ele é dedicado aos milhares de executivos honestos, inteligentes e trabalhadores que tive o privilégio de conhecer e com os quais interagi nas últimas duas décadas. E, como foi escrito para executivos muito ocupados, que não têm tempo para ler e que precisam promover ininterruptamente o crescimento de suas empresas, este livro é muito conciso, concentrando-se, em grande parte, nas práticas empresariais atuais e futuras mais importantes, em vez de em teorias (ou descrições de como abrir uma carta de crédito!)

Reuni aqui uma mistura de experiências profissionais que amalgamam negócios, economia e administração:

- Em meu trabalho do dia a dia, assessoro as administração global e regional de empresas internacionais sobre as perspectivas econômicas de todas as regiões e de quase todos os países do mundo.

- Gerenciei empresas regionais e globais e pus as mãos na "massa" em alguns dos mais difíceis mercados emergentes (em especial na Europa Oriental, no Oriente Médio e na África).
- Há quase 20 anos, observo e pesquiso proativamente as melhores práticas empresariais para a expansão internacional, as quais descrevi em meus dois livros anteriores sobre mercados emergentes. Essa experiência serviu como importante fundamento para essa prospecção do futuro.
- No exercício de minhas atividades profissionais, visitei mais de 90 países (número que continua aumentando) e presidi eventos envolvendo mais de 100 primeiros-ministros e presidentes (alguns dos quais, a propósito, se mostraram esclarecidos e brilhantes, enquanto outros pareciam tão familiarizados com economia e negócios quanto meu encanador).
- Em meu trabalho como consultor empresarial e como palestrante público em eventos empresariais grandes e pequenos, conheço, todos os anos, centenas de altos executivos, que dirigem atividades empresariais e empreendedoras na arena de negócios internacional. Alguns dos insights extraordinários desses gestores sobre negócios estão entremeados neste livro.

Os leitores perceberão que mudo meus chapéus empresarial e econômico ao longo de todo o livro. Espero que essa alternância de abordagens seja considerada útil e interessante. Almejo que este livro esteja cheio de "conhecimentos indispensáveis" (*must know*), não apenas de "conhecimentos convenientes" (*nice to know*).

Meus agradecimentos especiais à minha esposa, Antonija, e à minha filha mais velha, Nina, pela paciência com que me esperam, enquanto viajo para todos os cantos do mundo. Elas compreendem que questões econômicas e empresariais em mercados emergentes são minha paixão intelectual duradoura e contínua. Minha filha mais moça, Alina, é ainda muito criança para entender o que o papai faz. Prometo à minha família que, quando ela for capaz de compreender o que faço, finalmente diminuirei o ritmo. Também dedico este livro à minha terceira filha, Lili, que chegará ao mundo em julho de 2012.

Tomara que os leitores considerem proveitoso este livro. Por favor, não hesitem em procurar-me em menad.pacek@globalsuccessadvisors.eu

Nenad Pacek
Áustria
março de 2012

SUMÁRIO

O Autor v

Prefácio do autor ix

Introdução 1

CAPÍTULO 1
Megatendências econômicas até 2020 3

CAPÍTULO 2
Fatores de sucesso estratégicos e estruturais 23

CAPÍTULO 3
Construindo e executando a excelência nos mercados 75

CAPÍTULO 4
A sabedoria dos recursos humanos para o futuro 109

CAPÍTULO 5
Aquisições como maneira de crescer 137

CAPÍTULO 6
Dicas para sobrevivência e avanço dos executivos nos mercados
emergentes 157

CAPÍTULO 7
Melhores práticas para empresas de médio porte que evoluem de
regionais a globais 165

CAPÍTULO 8
Perspectivas econômicas estratégicas e empresariais por região 171

CAPÍTULO 9
Alguns riscos econômicos de que os executivos devem estar
conscientes 193

Conclusão 207

INTRODUÇÃO

O primeiro passo para a sabedoria é questionar tudo – e o último é aceitar tudo.

Georg Christoph Lichtenberg

O CRESCIMENTO É UMA obsessão das empresas, e sempre será. Porém, alcançar o crescimento sustentável e lucrativo em mercados emergentes é tarefa difícil, imensamente subestimada na maioria das empresas. Nos últimos anos, tornou-se óbvio que conquistar o sucesso em mercados emergentes ficou mais complicado do que nunca. Estou profundamente convencido de que essa complexidade aumentará a cada ano. Mudanças sem precedentes no panorama competitivo e vulnerabilidades crescentes da economia global são apenas duas causas externas básicas dessas dificuldades cada vez maiores.

Embora este livro, em parte, analise as mudanças externas que impactam as empresas atuantes em mercados emergentes, seu principal objetivo é examinar o que as empresas devem fazer agora para serem bem-sucedidas nos mercados emergentes nas próximas décadas e no futuro mais distante.

Quando comecei a escrever a primeira edição de *Emerging Markets: Lessons for Business Success and Outlook for Different Markets*, em 2003, o mundo era diferente do de hoje, sob numerosos aspectos. Naquela época, mesmo as estratégias de negócios internacionais medíocres de alguma maneira funcionavam – ao menos durante algum tempo. Na segunda edição do livro, concentrei-me nas causas do fracasso das empresas nos mercados emergentes, no passado, e muitas dessas lições ainda são importantes fundamentos da estratégia em

qualquer mercado emergente. Este livro, em parte, revê e reexamina algumas dessas lições do passado, mas ele se volta, acima de tudo, para o futuro.

Desenvolver negócios vigorosos nos mercados emergentes tem a ver não só com o crescimento, mas também com a sobrevivência da empresa no longo prazo. Hoje, está muito claro que a maioria dos países do mundo desenvolvido se caracterizará por baixo crescimento no futuro. O crescimento ocorrerá principalmente nos mercados emergentes. Hoje, todos os executivos e todas as empresas em busca de crescimento nos mercados internacionais terão de repensar todos os aspectos da condução de negócios internacionais – e atentar para mais questões internas e externas que em qualquer outra época. O ritmo da mudança nos contextos externos, em geral, superará a velocidade das transformações dentro das empresas, e para muitas organizações a consequência será maior quantidade de problemas – a não ser que a situação seja manejada com velocidade, com urgência e com estratégias inteligentes. Tratarei desses assuntos neste livro.

Antes de examinar como as empresas devem abordar a próxima década e o futuro mais distante no contexto internacional e nos mercados emergentes, vejamos primeiro três megatendências econômicas críticas que moldarão o mundo na próxima década.

CAPÍTULO 1

MEGATENDÊNCIAS ECONÔMICAS ATÉ 2020

> Hoje, você vai a um posto de gasolina e encontra a caixa registradora aberta e o banheiro fechado. Eles devem achar que papel higiênico vale mais que dinheiro.
>
> *Joey Bishop*

NESTE CAPÍTULO destacarei três megatendências econômicas que demonstram por que é importante para as empresas concentrar o foco, a atenção e os investimentos em mercados emergentes. Essas três grandes tendências são:

- *Crescimento global moderado e altamente volátil.*
- *Perspectivas de médio prazo ruins para os países desenvolvidos.*
- *Ascensão econômica contínua dos países emergentes.*

1. CRESCIMENTO GLOBAL MODERADO E ALTAMENTE VOLÁTIL

Tivemos mais crises econômicas nos últimos 35 anos que nos 350 anos anteriores (ver Kindleberger). Muitas coisas contribuíram para essa volatilidade inusitada e para a recente grande crise global, da qual, realmente, ainda não nos recuperamos. Nas últimas décadas, vivemos uma era de desregulação maciça, mormente dos mercados financeiros. Fatores como "securitização" do risco; livre movimentação de capitais, geralmente especulativos, para moedas, mercadorias e outras classes de ativos; liberalização dos fluxos de capital de curto prazo, mesmo para os mercados mais pobres; surgimento de instrumentos financeiros que poucas autoridades compreendem; venda dos chamados títulos mobiliários com classificação Triplo A para compradores ingênuos; e manipulação de demonstrações financeiras de alguns bancos do sistema principal e do sistema paralelo contribuíram para o atual contexto econômico confuso e preocupante.

A formação da maior bolha de crédito global de todos os tempos foi o auge da farra do crédito promovida com dinheiro fácil, com liquidez irrestrita e, alegadamente, com fraude financeira, criminalidade e corrupção (basta lembrar-se de como a bolha de crédito global foi inflada antes de 2008). A farra do crédito terminou com uma grande crise, da qual muitas economias ainda tentam recuperar-se. E a recuperação levará muito tempo. (Analiso os problemas e possíveis soluções para a economia mundial em meu mais recente manual executivo, *Global Economy*, publicado pela Marshall Cavendish, em julho de 2012.)

A boa notícia é que se evitou a repetição de outra Grande Depressão, no estilo da dos anos 1930, apesar do fato de esta crise mais recente ser quatro vezes mais grave que aquela, como porcentagem do PIB global. E assim foi porque a reação *inicial* das políticas públicas foi, em grande parte, boa na maioria dos países, mesmo que, em geral, tenha sido retardatária (porque, em geral, as autoridades realmente não sabiam que tipo de monstro financeiro estava despontando no horizonte). O estímulo monetário, o estímulo fiscal, a recapitalização dos bancos, as injeções de liquidez nos mercados e nas instituições financeiras, o socorro aos bancos, na iminente beira de colapso, a compra de ativos tóxicos e até a impressão de dinheiro, em muitos países (hoje mais conhecida como "flexibilização quantitativa"), tudo isso foi importante para evitar o derretimento total.

No entanto, apesar dessas medidas, ainda desembocamos na Grande Recessão de fins da década de 2000. As razões foram que o tamanho, a velocidade e a complexidade da crise, em si, acarretaram tamanhas demoras nas respostas oficiais que acabaram destruindo a confiança dos indivíduos e das empresas. O impacto foi o de um grande terremoto – hoje, vivemos em um mundo sob estresse pós-traumático, que não será superado tão cedo.

A história econômica mostra que, quando se arrasa a confiança dos indivíduos e das empresas, a reconstrução sempre é muito demorada. A constatação é ainda mais pertinente no caso de crises cujas causas básicas incluem problemas financeiros e bancários.

Alguns mercados já se restabeleceram razoavelmente bem, enquanto outros levarão mais tempo para recompor-se. A velocidade da recuperação no curto e no médio prazo dependerá das dívidas acumuladas. Maior endividamento equivale a maior necessidade de desalavancagem, o que, por seu turno, corresponde a crescimento mais baixo e a perspectivas de negócios menos promissoras. Hoje, o mundo desenvolvido está bem mais endividado em termos absolutos e percentuais que os mercados emergentes e enfrentará o processo de ampla desalavancagem ainda durante muitos anos vindouros. E como a União Europeia, os Estados Unidos e o Japão ainda representam a maior parte (mais de 60%) da produção mundial (medida a taxas de câmbio de mercado), essa condição, inevitavelmente, manterá o crescimento global, no todo, em ritmo mais lento. Portanto, entramos numa fase de crescimento econômico global mais moderado e mais volátil. Há quem denomine essa situação de nova normalidade. A verdade é que poucos anos antes da crise global (lembre-se da bonança econômica e empresarial de 2006 e 2007), vivíamos numa época de "nova anormalidade", que se revelou insustentável.

> A verdade é que poucos anos antes da crise global (lembre-se da bonança econômica e empresarial de 2006 e 2007), vivíamos numa época de "nova anormalidade", que se revelou insustentável.

E por que o crescimento global enfrentará dificuldades no médio prazo? Muitos dos pontos a seguir se referem ao mundo desenvolvido.

a) A era de alavancagem maciça das empresas não retornará nas próximas décadas, mesmo que os reguladores façam um trabalho perfunctório (o que inevitavelmente ocorrerá). Embora o setor financeiro seja conhecido pela criatividade, será difícil ocultar, empacotar ou vender passivos a terceiros, enquanto perdurar a lembrança da venda dos chamados títulos mobiliários com classificação Triplo A a compradores ingênuos. E sem ocultar, empacotar ou vender passivos, será difícil formar outra bolha de crédito maciça. Portanto, o crescimento não alcançará o superpico cíclico que atingiu em 2006 e 2007, talvez durante décadas. A atual liquidez extraordinária bombeada pelos bancos centrais, responsável pelo atual crescimento dos Estados Unidos, por exemplo, não durará para sempre.

b) A necessidade de restaurar os balanços patrimoniais dos governos, das famílias e das empresas se prolongará, em especial no mundo desenvolvido e em alguns mercados emergentes (mormente na Europa Central e Oriental).

c) Historicamente, o desemprego sobe pelo menos nos quatro anos seguintes ao começo de qualquer crise financeira (ver Rogoff e Reinhart). Nos mercados desenvolvidos, em especial na União Europeia, a recuperação gradual será em grande parte sem geração de empregos, durante muitos anos. Isso significa que os consumidores continuarão psicologicamente frágeis, reduzindo seus níveis de gastos. E, se os gastos privados forem baixos, o crescimento do PIB também será baixo.

d) Os empréstimos continuarão difíceis e escassos durante muitos anos, em especial para empresas de pequeno e médio portes. Muitas são as razões pelas quais os bancos continuarão a operar no denominado "modo de risco reduzido" nos próximos anos: novas regulações (além de novo impulso de recapitalização na Zona do Euro) os estão forçando a aumentar seus índices de capital. É provável que se reforce a tendência de maior acúmulo de caixa, os níveis de empréstimos duvidosos continuarão altos em muitos países e alguns bancos ainda precisarão remover "resíduos tóxicos" (antes conhecidos como títulos mobiliários com classificação Triplo A) de seus balanços patrimoniais.

e) A experiência com crises anteriores mostra que as lembranças de suas dificuldades perduram durante muitos anos na memória dos indivíduos e das empresas. A confiança exuberante dificilmente retornará nos anos subsequentes. A cautela predomina. Ninguém deve subestimar a importância da psicologia nos ambientes pós-crise.

f) A dívida pública elevada e crescente no mundo desenvolvido e as pressões sobre os orçamentos públicos em outras regiões (em consequência da queda nas receitas tributárias e, em menor extensão, das medidas de estímulo) significam que os governos se empenharão em viver conforme seus recursos. Para tanto, poderão aumentar os impostos e/ou reduzir os gastos públicos. E austeridade, mesmo moderada, significa menos crescimento no futuro próximo. Infelizmente, a maioria dos países desenvolvidos hoje fala em austeridade e promove cada vez mais austeridade. Essa "filosofia de austeridade" se manifesta numa época em que a confiança dos indivíduos e das empresas continua frágil, sobretudo nos

países desenvolvidos. O que o mundo realmente precisa no curto prazo é de mais estímulo fiscal para retomar o crescimento. Infelizmente, essa importante lição da história em geral é esquecida ou ignorada.

g) Até os mercados emergentes crescerão mais lentamente que no passado, na medida em que os compradores do mundo desenvolvido adquirirem menos exportações dos mercados emergentes. Porém, o ponto importante a ser lembrado por executivos e empresas é que os mercados emergentes superarão o desempenho dos países desenvolvidos nos anos vindouros, em termos de crescimento econômico e de aumento das vendas (ver a terceira tendência econômica a seguir). Hoje, são as economias desenvolvidas que têm dívidas mais altas e reservas mais baixas, assim como são os mercados emergentes que têm dívidas mais baixas e reservas mais altas.

2. PERSPECTIVAS DE MÉDIO PRAZO RUINS PARA OS PAÍSES DESENVOLVIDOS

As razões básicas das más perspectivas econômicas nos Estados Unidos, na Zona do Euro e no Japão já foram parcialmente descritas anteriormente. Ofereço, em seguida, uma análise mais detalhada.

ZONA DO EURO

Apenas dois grandes mercados estratégicos na parte ocidental da Zona do Euro não têm dívidas públicas muito elevadas: Luxemburgo e Finlândia. Todos os demais estão acima do padrão amplamente aceito de 60% do PIB. No agregado, estimava-se a dívida pública bruta na Zona do Euro, no começo de 2012, em algo próximo de 91% do PIB, com tendência de aumento.

Em geral, os países têm cinco alternativas para reduzir a dívida pública a níveis mais sustentáveis.

- Primeiro, dar o calote nos pagamentos.
- Segundo, aumentar a inflação para reduzir o valor real das dívidas.
- Terceiro, aumentar os impostos.

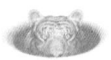

- Quarto, reduzir os gastos públicos.
- Quinto, acelerar o crescimento por meio de estímulos fiscais e monetários e livrar-se do problema da dívida por meio do crescimento.

O cenário mais provável para os mercados mais endividados da Europa Ocidental é adotar a terceira e a quarta alternativa, em conjunto, o que já está acontecendo em muitos países. Todos os documentos mais recentes divulgados pela União Europeia (depois da recente série infindável de reuniões de cúpula para resolver a crise do euro) defendem a austeridade como a melhor saída. Não me interpretem mal. Não tenho nada contra controlar os gastos e não se endividar em excesso. Porém, austeridade é abordagem errada quando a confiança dos indivíduos e das empresas é baixa ou inexistente. Até o Fundo Monetário Internacional publicou recentemente um trabalho afirmando que a austeridade realmente não produz crescimento no curto prazo. Como nos ensina a história econômica, os países que adotam medidas de austeridade em épocas de dificuldade econômica geralmente enfrentam períodos prolongados de baixo crescimento ou estagnação e de baixo poder de compra em todos os níveis da economia.

Essa é má notícia para as empresas da Zona do Euro nos próximos três a cinco anos. As economias que desfrutam de competitividade global (ou seja, as que primeiro aderiram ao euro) se sairão melhor que outras, uma vez que suas máquinas exportadoras continuarão ajudando a economia. É amplo o consenso entre minhas empresas clientes no sentido de que "não assistiremos a grande crescimento das vendas na Zona do Euro nos próximos cinco anos". Na Zona do Euro, o quinquênio vindouro será de luta sem tréguas para salvar o euro.

E, então, como será que a Zona do Euro, um dos pilares da economia global, acabou enfrentando necessidade tão premente de desalavancagem? Primeiro, a maioria dos mercados na Zona do Euro entrou na crise global com bons fundamentos e com dívidas públicas na maioria aceitáveis, exceto em países como Grécia e Itália. No entanto, à medida que a crise evoluía, o ônus da dívida pública aumentou rapidamente por dois motivos. De um lado, parte dos prejuízos dos bancos foi assumida pelos governos. Ao considerarem fundamental socorrer os bancos, os governos estatizaram as dívidas privadas, forçando os pobres pagadores de impostos a arcar com essas dívidas nos próximos anos. Além disso, na medida em que a maioria das economias da União

Europeia entrou em recessão, em 2009, a receita tributária caiu, pressionando ainda mais as dívidas públicas. Além disso, muitos mercados na periferia da Zona do Euro acumularam grandes dívidas externas (inclusive dívidas das famílias e das empresas, uma vez que as taxas de juros estavam baixas), o que passou despercebido, uma vez que eram parte da Zona do Euro (retornaremos a esse ponto mais adiante).

Crise da dívida soberana

Porém, questão ainda mais importante para a Zona do Euro no curto prazo é a crise da dívida soberana, que envolve a ameaça constante de contaminação de toda a área. Para explicar a crise da dívida soberana e suas principais causas, precisamos dar um passo atrás, o que também nos ajudará a compreender como a situação pode desenrolar-se no futuro e qual seria o impacto sobre as empresas.

Será que a adoção da moeda comum, o euro, foi, a princípio, boa ideia, do ponto de vista econômico? Antes do lançamento do euro, muitos acadêmicos escreveram, em periódicos econômicos respeitados, que a moeda comum não fazia muito sentido, uma vez que jamais se poderia ter uma única taxa de juros para um grupo de mercados tão diversos, crescendo a diferentes velocidades. Muitos acadêmicos argumentaram que era possível ter uma moeda única, o dólar, para as 50 unidades federadas dos Estados Unidos porque quem perde o emprego numa delas pode fazer as malas e percorrer o país em busca de trabalho em outro lugar. Na Europa, é muito menos provável que gregos ou portugueses partam com armas e bagagem para a Finlândia, em busca de trabalho. Percebia-se durante toda a existência do euro que as taxas de juros estavam muito baixas para alguns países, criando bolhas habitacionais na Espanha e na Irlanda, enquanto para outros pareciam muito altas.

É mito que toda a culpa pela dívida soberana da Zona do Euro seja dos países periféricos, como Grécia e Portugal. A história é um pouco mais complexa.

- Primeiro, todos os países da Zona do Euro, exceto Luxemburgo e Finlândia, têm dívidas públicas maiores que o padrão.
- Segundo, nos bons tempos, o Banco Central Europeu (BCE) permitia que todos os Estados-membros (qualquer que fosse o tamanho do

déficit em conta-corrente ou da dívida pública, que, em alguns casos, estavam totalmente fora de controle) tivessem o mesmo acesso ao redesconto.

- Terceiro, os bancos tratavam as dívidas soberanas de todos os Estados-membros da mesma maneira e compravam os respectivos títulos de dívida indiscriminadamente. Essa demanda artificial, não precisa dizer, empurrou para baixo as taxas de juros em países que não mereciam taxas de juros baixas. Os resultados foram a explosão do crédito e várias bolhas habitacionais, das quais mercados como Irlanda e Espanha ainda estão em recuperação.
- Quarto, se alguns dos mercados com elevado déficit em conta-corrente e com alta dívida externa (como Espanha ou Irlanda) estivessem fora da Zona do Euro, eles teriam suscitado questionamentos pelos credores muito mais cedo. Na Zona do Euro, situações desse tipo não levantaram dúvidas e os bons princípios tradicionais da macroeconomia foram jogados pela janela.
- Quinto, o que levou economias tão despreparadas para integrar uma união monetária a se reunirem na Zona do Euro? Muitas são as teorias conspiratórias que campeiam por aí, envolvendo lobbies financeiros e industriais (basta pesquisar na internet).
- Sexto, por que será que todo mundo ignorou os jogos estatísticos óbvios praticados em Atenas e, talvez, em outros poucos mercados, envolvendo manipulações para atender aos critérios de entrada na Zona do Euro?
- Sétimo, por que será que as agências de classificação de risco de crédito não dispararam o alarme onde a dívida externa estava ficando insustentável? Numerosas perguntas ainda não foram respondidas e os pesquisadores econômicos terão muito a argumentar nos anos vindouros.

Evidentemente, alguns dos mercados do sul da Europa (notadamente a Grécia) realmente manipularam a contabilidade pública a fim de entrar na Zona do Euro. E tinham incentivos para fazê-lo, uma vez que as taxas de juros nos respectivos países caíram rapidamente depois do lançamento do euro. Mas eles não podem assumir toda a culpa, uma vez que a história começou mais cedo e foi parte do grande projeto político de criar forte união política na Europa.

Talvez o aspecto mais perturbador de toda a crise da dívida soberana seja a reação das várias autoridades. Sob todos os aspectos – conteúdo, velocidade e método – os governos europeus poderiam ter agido muito melhor e muito mais cedo. O fato de a dívida grega hoje ser considerada mais arriscada que a da Venezuela é constrangedor para a Europa e constitui-se em grande prova de que a resposta das autoridades europeias pelo menos em parte fracassou. Depois de tantos embaraços, os mercados agora estão começando a questionar, para surpresa de ninguém, todo o projeto da Zona do Euro, assim como a integridade política da União Europeia.

Quando surgiram os primeiros rumores sobre a crise grega, eu esperava, como muitos outros observadores, que a grande família política e econômica que é a União Monetária agisse com rapidez e discrição para ajudar o parente em dificuldade. Era razoável esperar que a União Europeia se reunisse sem muito estardalhaço com a liderança grega, fornecesse os recursos e a liquidez indispensáveis e, em troca, demandasse a reestruturação *muito gradual* de suas políticas fiscal e econômica falhas. Eu não supunha que o caso grego continuasse nas manchetes dos jornais.

Então, por que a crise da dívida grega se agravou e por que agora estamos falando em contágio ainda mais difuso para outros mercados? Quando se perguntou a alguns dos principais líderes da União Europeia o que fariam em relação à Grécia, a resposta foi algo do tipo: "Ainda estamos pensando." E a mesma evasiva se repetiu durante semanas e, depois, ao longo de meses. A procrastinação e a insistência em austeridade rigorosa (sabemos que medidas de austeridade severas e açodadas sufocam o crescimento e aumentam a dívida pública) em troca de socorro aos bancos alastrou o medo de contágio. A chanceler e o ministro das Finanças da Alemanha até sugeriram que a Grécia poderia deixar a Zona do Euro ou mesmo ser expulsa. Não precisa dizer que os mercados enlouqueceram e exigiram prêmios ainda mais altos para o refinanciamento não só da dívida grega, mas também das dívidas de muitos outros países da União Europeia.

As condições impostas à Grécia são impossíveis de implementar e me lembram a posição do FMI em relação aos mercados asiáticos depois da crise financeira de 1997. Essas exigências agravaram a crise nos países que as aceitaram, em comparação com os mercados que as ignoraram. Esse efeito deletério foi demonstrado cientificamente por Dani Rodrik, da Harvard University (escrevi a esse respeito em 2003, em *Emerging Markets*). E, no entanto, a

Alemanha e outras grandes economias da União Europeia impuseram à Grécia medidas de austeridade urgentes e profundas, significando que a recessão perdurará durante muito tempo e que a Grécia não terá chance de reduzir suas dívidas no futuro previsível (mesmo com o mais recente pacote de socorro aos bancos e de desvalorização dos bônus gregos).

O programa de austeridade imposto à Grécia, com açodamento e intensidade fora do comum, ignora muitas lições da história econômica, aprendidas a duras penas. Uma delas é a de que a dívida pública aumenta depois das crises, em grande parte como consequência da queda da receita tributária, não por qualquer impacto dos estímulos fiscais. A segunda é que medidas de austeridade apressadas e profundas agravam as recessões e realmente não contribuem para a redução da dívida pública. Terceiro, a austeridade fiscal, como sugerem evidências recentes do FMI, não impulsiona o crescimento econômico e a confiança dos agentes no curto prazo (em contraste com o que o BCE e outras autoridades da União Europeia estão afirmando).

Perspectivas para a Europa Ocidental

E, assim, o que acontecerá com a Europa Ocidental? Os mercados da Europa Ocidental fora da Zona do Euro estão em condições econômicas relativamente boas. A Noruega, com suas reservas de petróleo; a Suécia, competitiva e pouco endividada; a Dinamarca e a Suíça se darão melhor que a maioria dos mercados da Zona do Euro nos próximos três a cinco anos, e talvez por ainda mais tempo. Os países da Zona do Euro que são competitivos em âmbito global e que têm algo a vender para o resto do mundo (em especial, para os mercados emergentes, em rápido crescimento) conseguirão reduzir suas dívidas mais cedo que os mercados cuja competitividade global é fraca. Os mercados que pertencem a esse grupo são Finlândia, Áustria, Alemanha (por causa de sua capacidade de exportação), partes da França, norte da Itália e partes da indústria holandesa voltada para exportações.

As perspectivas mais negativas são para Grécia, seguida de Portugal, Irlanda e Espanha. A Bélgica, com dívida pública acima de 100% do PIB e alta volatilidade política, fará alguns ajustes fiscais sérios nos próximos anos, os quais, por seu turno, comprometerão o crescimento. No Reino Unido, graves medidas de austeridade fiscal restringirão a expansão da economia durante vários anos (embora o governo do Reino Unido, como o dos Estados Unidos, tenha a sorte de contar com um banco central pragmático, que compra bônus do governo durante a crise e que, portanto, tem condições de financiar-se a baixo custo). Lembre-se de que a monetização da dívida consiste basicamente em imprimir dinheiro, método que não aumenta as taxas de inflação, desde que a confiança dos indivíduos e das empresas esteja baixa e que não se prolongue por muito tempo.

Infelizmente, o Banco Central Europeu tem o mandato estreito de concentrar-se exclusivamente na taxa de inflação. O lado negativo de toda a história do euro é o fato de os países do clube do euro terem perdido a soberania monetária. Seria muito mais fácil para a Itália ou para a Espanha cobrir parte de seus déficits orçamentários e de suas necessidades de empréstimos por meio de bancos centrais próprios que comprassem diretamente novos títulos públicos (exatamente como os governos dos Estados Unidos e da Inglaterra estão fazendo agora). Essa medida não custaria nada nem provocaria aumento da inflação, uma vez que a confiança interna está baixa; em vez de tomar empréstimos a taxas superiores a 7% os países seriam capazes de levantar dinheiro praticamente sem custo.

Mas não estamos lá. Hoje, os teóricos da conspiração argumentam que o projeto euro é apenas um ardil de longo prazo, maquinado por poderosas instituições privadas que controlam o Federal Reserve dos Estados Unidos, com o objetivo de eliminar a capacidade dos governos da União Europeia de controlar seu próprio destino monetário, levando-os, ao contrário, a depender de empréstimos dispendiosos (emprestar aos governos há séculos é um grande negócio). Se essa teoria conspiratória estiver certa ao menos em parte, a Zona do Euro, nesse caso, será socorrida de uma maneira ou de outra, pois o que menos querem os emprestadores privados é que os vários governos da União Europeia voltem a controlar sua capacidade de imprimir dinheiro. Não comento sobre teorias conspiratórias. O leitor inteligente chegará às próprias conclusões. A verdade é que os vários governos europeus realmente se beneficiariam com a capacidade de controlar o próprio destino monetário – da mesma maneira como o inglês, o americano e tantos outros.

A redução da dívida pública na Zona do Euro provavelmente será custeada pelos pagadores de impostos. Isso significa baixos níveis de confiança pelo setor privado, o que continuará a afetar a confiança das empresas, resultando em demanda fraca e em crescimento baixo nos próximos anos. As empresas que vendem a exportadores fortes nos países emergentes e as que fornecem produtos e serviços destinados a melhorar a eficiência das empresas se sairão melhor que as outras.

E ainda remanesce o risco de contágio da dívida soberana para Espanha e Itália, como características da próxima fase. Essa situação sufocaria os setores bancários dos mercados credores, em lenta recuperação, considerando as centenas de bilhões de dólares de dívida soberana detida pelos bancos da União Europeia. Até agora, a estratégia das autoridades da União Monetária tem consistido em fazer apenas o suficiente para evitar a grande crise de dívida no último minuto. Com Mário Draghi como timoneiro do Banco Central Europeu, a política monetária tornou-se mais proativa, no começo de 2012. A medida mais recente de destinar 1 trilhão de euros aos bancos, à taxa de 1%, pode ser vista, em parte, como "impressão de dinheiro pela porta dos fundos". A iniciativa decerto evitou grande contração do crédito e sério colapso global no começo de 2012. Enquanto predominava a abordagem política do tipo "acochambrar a crise", talvez o maior dano político a todo o projeto europeu tenha sido solapar a confiança e a segurança entre os países da União Europeia.

Sou grande fã da moderna Europa Ocidental (trata-se provavelmente do lugar mais civilizado do planeta em toda a história da humanidade) e do projeto histórico da União Europeia. É uma vergonha que a miopia e a ideologia tenham contribuído para essa grave deterioração dos fundamentos políticos, econômicos e sociais da União Europeia. Não se deve permitir o agravamento da situação, caso se pretenda que o sonho de seus fundadores floresça no médio e no longo prazo. Seria de fato uma grande vergonha se os nobres objetivos de uma poderosa entidade supranacional, que deveriam trazer estabilidade política duradoura a uma região assolada por séculos de guerras, começassem a desmoronar em consequência da incapacidade de manejar a crise da dívida soberana. Pior ainda, se desabassem por causa de uma ideia estúpida, como a do euro (lançado prematuramente em muitos países, com excesso de precipitação).

Quando alguns líderes europeus afirmaram recentemente "Se o euro fracassar, também a União Europeia fracassará", fiquei um tanto surpreso. O projeto da União Europeia ia bem sem o euro. O euro é que está provocando os atuais problemas políticos na União Europeia, e quanto mais cedo os governos reconhecerem a importância da flexibilidade monetária dos países-membros, melhor será para a União Europeia como um todo. Não estou certo de que o euro poderá sobreviver sem a implementação de uma união fiscal séria, e as atuais políticas públicas avançam nessa direção. Mas questiono a sustentabilidade dessa união fiscal (ou mesmo da união política almejada por muitos políticos), uma vez que ela representa o fim da independência e da democracia monetária e fiscal em nível de país.

Respostas da União Europeia

> O euro é que está provocando os atuais problemas políticos na União Europeia, e quanto mais cedo os governos reconhecerem a importância da flexibilidade monetária dos países-membros, melhor será para a União Europeia como um todo.

Assim sendo, o que a União Europeia está fazendo agora para conter essa crise e, mais importante, para desenvolver um sistema que evite crises dessa espécie no futuro? O Banco Central Europeu, a princípio, reagiu razoavelmente bem à crise, fornecendo liquidez para o setor bancário, o que manteve as taxas de juros baixas. (A oferta de liquidez aumentou depois da posse do novo presidente do BCE em 2012.) Essa iniciativa provavelmente salvou a Europa de mergulhar em outra Grande Depressão, além de ser de importância crucial para a estabilidade subjacente dos bancos.

Nos meses recentes, o BCE até começou a fazer algo que não deveria – imprimir dinheiro, mas apenas em quantias mínimas, em comparação com os governos dos Estados Unidos e do Reino Unido. Quando alguns dos países periféricos não conseguiam levantar financiamento nos mercados internacionais e havia a ameaça de maior contágio, o BCE interveio e comprou títulos públicos, processo denominado "monetização", equivalente à impressão de dinheiro. Quando esta página foi escrita, o valor total da emissão de dinheiro era inferior a €200 bilhões. Em comparação com mais de US$3 trilhões de flexibilização quantitativa nos Estados Unidos e com cerca de £1 trilhão no Reino Unido, o estímulo monetário europeu foi mínimo e reativo. E sua motivação foi o medo de que contágio da dívida soberana levasse à falência os bancos da Europa Ocidental. Assim, o BCE optou pelo menor de dois males. Mas não há dúvida de que o BCE não quer prosseguir com a prática de comprar títulos públicos e está devolvendo o ônus da solução aos governos-membros.

As conversas mais recentes versam sobre mais integração econômica, por meio de união fiscal mais estreita. Se a ideia é salvar o euro, a união fiscal é boa solução, pois nenhuma união monetária jamais sobreviveu sem união fiscal. Mas receio que iniciativas dessa espécie empurrem a União Europeia para problemas políticos ainda mais graves. Por quê? Porque será impossível implementar a união fiscal sem união política ainda mais estreita, e é aqui que os problemas podem agravar-se. Seria melhor preservar a Zona do Euro com um grupo menor de países, globalmente competitivos, capazes de prosperar sob taxa de câmbio fixa, que convergiram entre si gradualmente desde o fim da Segunda Guerra Mundial. Os demais países se beneficiariam de mais flexibilidade monetária nos próximos 10 ou 20 anos, até se tornarem mais competitivos e até se aproximarem dos países mais avançados da União Europeia.

É possível que alguns países deixem a Zona do Euro, e como isso funcionaria na prática?

A história econômica está cheia de exemplos de rupturas de uniões monetárias (União Monetária Escandinava e União Monetária Latina). É perfeitamente possível que também esta se rompa mais adiante, com algumas consequências graves para as empresas no curto prazo. Nos velhos tempos, quando cada Estado-membro da União Europeia tinha a própria moeda, países como Itália ou Grécia desvalorizavam suas moedas como maneira de manter a competitividade das exportações e de corrigir desequilíbrios econômicos que pudessem levar a maiores problemas de endividamento. Também imprimiam mais dinheiro durante as recessões, para pagar os salários de servidores públicos, como professores e policiais. Sob o câmbio fixo do euro e sem flexibilidade monetária, qualquer ajuste se manifesta na economia real sob a forma de salários mais baixos e de encolhimento geral da atividade econômica.

A verdade simples é que as medidas de austeridade são muito severas para mercados como Grécia e Portugal. É muito possível que o grande público desses países diga "isso é insuportável", e continue a manifestar-se e a amotinar-se, deflagrando crises políticas muito graves, situação que, por seu turno, poderia levar os governos a abandonar a Zona do Euro. Embora vários tratados da União Europeia determinem que os países-membros não podem deixar a União Monetária Europeia, se um governo soberano resolver adotar essa medida, é difícil imaginar como se poderia impedi-lo. Nesse caso, qualquer Estado que decidisse abandonar o euro enfrentaria tremendas dificuldades técnicas de curto prazo, como o custo de imprimir e de cunhar notas e moedas da nova unidade monetária, de tratar os passivos denominados em euro (o país provavelmente teria de estabelecer durante algum tempo taxa de câmbio fixa com o euro para manter os mercados em condições de calma relativa) e de impedir que os poupadores locais sacassem seus depósitos em massa. A conclusão para as empresas é a possibilidade real de que alguns países tentem abandonar a Zona do Euro nos próximos anos e de que neles ocorram grandes descontinuidades econômicas no curto prazo (embora, no médio e no longo prazo, venham a desfrutar dos benefícios da recém-conquistada soberania monetária).

ESTADOS UNIDOS

Apesar dos recentes saltos no mercado de ações e de alguma recuperação das empresas, em consequência da flexibilização fiscal e monetária, a maioria dos altos executivos, hoje, admite de imediato que será difícil promover o crescimento de suas empresas nos Estados Unidos, no futuro próximo, a não ser que lancem com muita frequência produtos extremamente inovadores e empolgantes ou desenvolvam alternativas específicas para segmentos de mercado com menos poder aquisitivo. O consenso amplo entre as empresas a respeito dos Estados Unidos é o de que, no futuro previsível, será difícil basear-se apenas no crescimento da economia como única fonte de impulso da empresa.

A economia dos Estados Unidos foi afetada em profundidade pela Grande Recessão, com a produção encolhendo 2,6% em 2009. Embora os Estados Unidos estejam em recuperação, a má notícia para as empresas é que o desemprego continua muito alto. A confiança dos indivíduos e das empresas na economia americana ainda é frágil. Como na Europa, as empresas americanas estão aboletadas sobre pilhas de dinheiro sem precedentes e não estão investindo o suficiente. Os consumidores continuam endividados e os preços das moradias ainda estão achatados. Até o Federal Reserve afirmou recentemente que ainda não estava claro se a recuperação dos Estados Unidos seria autossustentável depois da cessação, ao longo de 2012 e 2013, dos efeitos dos estímulos fiscais vultosos e dos estímulos monetários ainda maiores.

Um dos problemas subjacentes dos Estados Unidos é o tamanho do acúmulo da dívida pública bruta. Com algo em torno de 100% do PIB, a situação de endividamento do governo americano é ainda mais grave que a da Zona do Euro. O mais preocupante é a tendência ascendente – o FMI estima que a dívida pública chegará a 112% do PIB em 2016. O déficit orçamentário se encontra entre os mais altos do mundo, correspondendo a mais de 10%

do PIB. Como a Europa, os Estados Unidos provavelmente adotarão algumas medidas de austeridade, especialmente se os republicanos assumirem a presidência em 2013.

As coisas poderiam ser ainda piores. Nos primeiros meses da crise global, todos os indicadores dos Estados Unidos espelhavam basicamente o que ocorrera no começo da Grande Depressão de 1929. Porém, a reação à crise, embora um tanto demorada, foi muito mais eficaz que a da Europa. O estímulo fiscal foi maior e, em especial, o Federal Reserve executou longa lista de medidas inéditas e heterodoxas para reativar o crescimento. Envolvendo mais de US$3 trilhões, o estímulo monetário, que ainda está em andamento, na versão mais recente, denominada "The Twist", foi imenso. Em consequência de todas essas medidas, a economia americana ricocheteou em 2010 e continuou crescendo em 2011.

Contudo, quase certamente, nos próximos anos, o crescimento prosseguirá em ritmo muito mais lento que no período pré-crise. A austeridade fiscal, o eventual recuo da flexibilização quantitativa, o possível aumento das taxas de juros e a persistência do desemprego afetarão o crescimento e as vendas das empresas no futuro previsível. As agências de classificação de risco de crédito ainda manifestam dúvidas sobre a sustentabilidade do endividamento dos Estados Unidos, algo impensável não mais que poucos anos atrás. A crise, assim como as políticas econômicas que, no passado, eram inconcebíveis por infringirem o princípio do "bem comum", criaram agora uma situação em que um quinto da população americana se enquadra em programas de ajuda do governo, na forma de auxílio-alimentação. Um dos altos executivos americanos com que me reuni recentemente em Chicago observou: "Voei outro dia no jato da empresa da China para Gary, Indiana, e fiquei pensando qual dos dois é mercado emergente."

Para avançar, os Estados Unidos terão de refletir em profundidade sobre como melhorar sua educação primária e secundária (basta copiar a Finlândia, por favor); como reduzir o predomínio e o poderio do setor financeiro (que absorve muitas pessoas inteligentes de indústrias mais produtivas); como diminuir a desigualdade social (que, em alguns lugares, lembra a América Latina); como investir, como país, mais do que investe hoje em P&D; como evitar que as multinacionais americanas consolidem seus lucros em jurisdições além-fronteiras, com tributação mais baixa ou sem tributação; e como melhorar as exportações (a ponto de equilibrar o déficit em conta-corrente crônico).

As grandes vantagens da economia americana incluem as numerosas universidades excelentes; as empresas de classe mundial, imbuídas de forte espírito inovador e empreendedor e da atitude "sim, é possível"; e as multinacionais abarrotadas de caixa. Muitas regiões do mundo se dariam bem se pudessem imitar essas vantagens. Mas as desvantagens são preocupantes.

JAPÃO

Mesmo antes do trágico terremoto e do desastre nuclear de 2011, a economia japonesa havia anos enfrentava dificuldades para redescobrir o crescimento. Os resultados das empresas em termos de vendas internas refletiam essa situação. O Japão não era tratado como mercado em crescimento pela maioria das empresas. O país lutava por causa da "década perdida" de 1990 e de suas consequências, e se via às voltas com a deflação e com os baixos gastos internos.

Só Zimbábue e São Cristóvão e Nevis têm dívida pública mais alta que a do Japão, como porcentagem do PIB. Embora a dívida pública japonesa seja principalmente doméstica, seu tamanho em si – quase 240% do PIB – significa que as autoridades terão de reduzi-la a níveis mais sustentáveis, o que terá de ser feito mediante aumento dos impostos e redução dos gastos públicos. Já se fizeram alguns anúncios nesse sentido. Evidentemente, essas medidas serão prejudiciais ao crescimento e às empresas nos próximos anos.

Quando irrompeu a crise global, o Japão foi mais afetado que outros países. Seu PIB caiu 6,3% em 2009. A recuperação a partir de uma base baixa foi vigorosa, induzida pelo aumento nas exportações para mercados asiáticos pujantes. O PIB cresceu mais de 10% em 2010, mas, em seguida, de novo mergulhou em recessão de 0,7% em 2011, mormente em consequência do terremoto. No médio prazo, o crescimento será mínimo, ao redor de 1% ou um pouco mais, nos melhores anos da economia global.

3. ASCENSÃO DOS MERCADOS EMERGENTES E ESTAGNAÇÃO *RELATIVA* DO MUNDO DESENVOLVIDO

Acabamos de chegar a um momento simbólico. Depois de mais de 150 anos, os mercados emergentes são de novo tão grandes quanto o mundo desenvolvido,

no nível de paridade do poder de compra. Nesse interregno, vivemos uma anomalia histórica (devido à Revolução Industrial) durante a qual o mundo desenvolvido de hoje se manteve maior que os mercados emergentes de hoje. Essa situação jamais ocorreu antes de 1850 e jamais acontecerá outra vez.

Os mercados emergentes já compram mais que a metade do total das exportações e da produção de petróleo do mundo. Também acumularam mais de 75% das reservas internacionais em moeda estrangeira, o que representa poderoso amortecedor para a preservação da estabilidade futura em muitas regiões e países. E ainda abrigam mais de 80% da população mundial, parcela que aumenta em seis milhões de pessoas por mês (em comparação com 300 mil pessoas por mês no mundo desenvolvido, principalmente nos Estados Unidos, por meio da imigração).

Depois de conversar com muitos executivos nos últimos dois anos, constatei que o consenso entre as empresas é claro: será difícil encontrar crescimento no mundo desenvolvido. Se há uma área geográfica que apresenta oportunidades de crescimento, é definitivamente o amplo espaço dos mercados emergentes.

Os mercados emergentes estão crescendo com muito mais rapidez que o mundo desenvolvido. Nos últimos 15 anos, em média, os mercados emergentes superaram o desempenho do mundo desenvolvido em termos de crescimento pela margem de mais ou menos 3:1 (alguns países, evidentemente, se saíram muito melhor que isso). Essa margem provavelmente se manterá nos próximos 10 anos. A crise em curso realmente expôs com clareza algo que os observadores mais atentos já haviam detectado. Os fundamentos econômicos mostram que os mercados emergentes desfrutam de boas condições em comparação com o mundo desenvolvido. Os países emergentes da Ásia, o Oriente Médio, os principais mercados da América Latina e os principais mercados da Europa Central e Oriental (ECO) apresentam melhores fundamentos em termos de reservas, de dívida pública, de dívida externa, de equilíbrio em conta-corrente e de equilíbrio orçamentário que os mercados da Europa Ocidental, dos Estados Unidos e do Japão. Além disso, o impacto desta crise realmente está acelerando o deslocamento do poder econômico para os mercados emergentes, uma vez que o mundo desenvolvido (mormente os Estados Unidos e a Europa Ocidental) padecerá de ressaca mais prolongada depois da crise.

Tudo isso significa que o crescimento das vendas no médio prazo para a média das empresas multinacionais decorrerá em grande parte dos mercados emergentes, não do mundo desenvolvido. Depois de conversar com muitos executivos nos últimos dois anos, constatei que o consenso entre as empresas é claro: será difícil encontrar crescimento no mundo desenvolvido. Se há uma área geográfica que apresenta oportunidades de crescimento, é definitivamente o amplo espaço dos mercados emergentes. No Capítulo 8, explicarei que regiões e mercados emergentes desfrutam de melhores condições para se tornarem vencedores nos anos vindouros.

CAPÍTULO 2

FATORES DE SUCESSO ESTRATÉGICOS E ESTRUTURAIS

Na mitologia grega, Ícaro voou alto demais e as asas dele derreteram. Qual é a moral da história? Não voe perto demais do Sol? Ou construa asas melhores?

Stanley Kubrick

Se quero lucros sustentáveis, invisto em prazo mais longo, mesmo que o investimento tenha impacto negativo no curto prazo. Para alguns dos membros da comunidade financeira, cujo horizonte temporal se situa entre meio ano e um ano, é muito difícil explicar o que significa desenvolver negócios na China ou na Rússia, onde se espera de cinco a dez anos até o investimento tornar-se rentável.

Peter Brabeck-Letmathe, presidente do
Conselho de Administração e ex-CEO da Nestlé

ESTA PARTE DO LIVRO discute como promover o crescimento sustentável e lucrativo nos mercados emergentes, em meio à nova complexidade global da competição e das vulnerabilidades econômicas em rápida mutação. Aqui se examinam os fundamentos das estratégias bem-sucedidas para a construção do futuro e os muitos fatores que se assentam sobre essas fundações. Em comparação com vários anos atrás, chegou a hora de as empresas se engajarem nas mudanças importantes, quase tectônicas, do pensamento estratégico, da mentalidade gerencial, das estruturas organizacionais e das abordagens aos mercados emergentes.

Em minha opinião, dois são os principais fundamentos estratégicos do futuro sucesso das empresas nos mercados emergentes, e eles devem estar presentes em quase tudo o que as empresas fazem.

- O primeiro é como superar os concorrentes.
- O segundo, como promover vendas *sustentáveis* e o aumento do lucro.

Sem esses fundamentos, as estratégias e as atividades das empresas desabarão (exatamente como uma casa desmoronaria se erigida sobre fundações frágeis), ou, na melhor das hipóteses, algumas abordagens empresariais funcionarão durante algum tempo, transmitindo aos executivos e às empresas falso senso de progresso e de satisfação.

E é exatamente nessa esfera de "falso senso de progresso" que muitas empresas operam hoje. A maioria dos diretores regionais está consciente dessa realidade, mas tem dificuldade em convencer a sede global das mudanças rápidas na competitividade, que já estão solapando a empresa nos mercados emergentes. Eles também advertem a sede de que algumas ameaças originárias dos mercados emergentes em breve chegarão ao mundo desenvolvido, mas muito poucas empresas refletem proativamente sobre como resguardar-se contra essas tendências. Mesmo aquelas com ampla cobertura geográfica em todo o mundo estão começando a sentir-se vulneráveis, à medida que a competição, não raro oriunda de rincões inesperados do mundo, começam a carcomer sua participação no mercado, conquistada a duas penas.

AUMENTO SEM PRECEDENTES DA COMPETIÇÃO

Aqui estão dois rápidos casos relevantes, envolvendo dois de meus grandes clientes (que, por motivos óbvios, se manterão anônimos).*

Todos os anos, passo quase um dia inteiro com os líderes globais de uma das maiores empresas industriais da Europa, conversando com eles sobre tendências econômicas e empresariais presentes e futuras. E, antes de começar

---

* De comum acordo com os colaboradores, todas as citações neste livro não são atribuídas a indivíduos ou a empresas.

minha sessão usual, o CEO (Chief Executive Officer) fala durante cerca de uma hora sobre o desempenho e a situação da empresa, sobre seus maiores desafios e sobre a estratégia para o futuro. Numa dessas reuniões, em fins de 2009, o CEO mal se referiu aos concorrentes. Dois anos depois, em fins de 2011, tudo o que ele fez foi falar sobre o "aumento espantoso na competição em todos os países do mundo".

Ele se referiu a um dos concorrentes chineses, que vende seus produtos com nomes incrivelmente semelhantes aos dos deles, cujas campanhas de marketing e de vendas são quase cópias das deles. Ainda mais preocupado, afirmou:

> E não se trata mais de lixo sem qualidade. Num período incrivelmente curto, a qualidade dos produtos deles alcançou a dos nossos. A principal questão para nós é como reagir quando eles procuram nossos clientes e oferecem o mesmo produto com desconto de 40% ou 50%. O que mais me preocupa é que eles não estão vendendo este produto apenas na China. Já os vimos na América Latina, no Oriente Médio, na África e, mais recentemente, também na Europa Oriental.

O CEO, então, se referiu a um grupo de empresas europeias de médio porte que nunca haviam saído da Alemanha e da França, mas que, agora, de repente, contrataram distribuidores no Brasil, na Arábia Saudita e em outros mercados – onde estão surrupiando participação. E, finalmente, mas não menos importante, falou de pequenas empresas emergentes brasileiras e turcas, com bons produtos e com influência crescente sobre os clientes internos do Brasil e da Turquia, sensíveis aos preços.

Outro caso é de uma empresa industrial americana que me foi relatado por um alto executivo muito importante. Ele estava perambulando por uma feira comercial em Xangai: "Uma jovem chinesa muito bonita se aproximou de mim e começou a conversar. Como homem de meia-idade, que gosta de mulheres bonitas, aceitei de bom grado a abordagem." Em poucos minutos, ele começou a desconfiar, à medida que as perguntas da moça a respeito da empresa dele se tornavam cada vez mais focadas. Sem muito rodeio, ele lhe perguntou quem ela era, e a jovem, tranquilamente, lhe entregou seu cartão de negócios. Ela trabalhava para o maior concorrente chinês da empresa e respondeu-lhe, também sem delongas: "Minha tarefa é saber tudo sobre sua empresa – e sobre você."

Depois disso, ele perdeu o interesse por ela. Ele me disse que esse concorrente não era piada. Quatro anos antes, eles se deram conta de sua existência, levando alguns dos negócios da empresa dele na Ásia e na África. Assim, a empresa americana, diligentemente, comprou o produto chinês, desmontou-o e concluiu que a qualidade era realmente ruim e que não tinham motivos para preocupação, mas os manteve sob vigilância, apenas por via das dúvidas. Então, acrescentou:

> Mas, algumas semanas atrás, voltamos a comprar as versões mais recentes dos produtos deles, e ficamos absolutamente perplexos com a rapidez com que alcançaram nosso nível tecnológico e nossos padrões de qualidade. Nosso pessoal de campo em todo o mundo relatou que agora o produto estava sendo oferecido a todos os nossos clientes por pouco mais da metade de nosso preço. Hoje, o desafio é o que fazer a esse respeito.

Essas duas breves histórias ilustram a tremenda intensificação das pressões competitivas nos mercados internacionais, sobretudo nos que se caracterizam por forte crescimento econômico e das vendas. Mas qual é a origem de todas essas pressões competitivas e por que a velocidade da mudança é tão inusitada?

FORÇAS COMPETITIVAS EM ATUAÇÃO

Numerosas forças estão desenhando o panorama competitivo nos mercados emergentes. A razão básica é que as empresas de todos os tipos e tamanhos estão percebendo que será difícil promover o crescimento dos negócios no mundo desenvolvido nos próximos anos (pelos motivos descritos no capítulo anterior) e, em consequência, todas estão de olho nos mercados emergentes, em crescimento mais acelerado. Vários são os tipos de empresas que estão tentando fazer mais nos mercados emergentes e que estão erguendo o jogo competitivo para novos patamares.

Foco das multinacionais nos mercados emergentes

Primeiro, as multinacionais tradicionais do mundo desenvolvido estão convergindo mais atenção para os mercados emergentes, observando-os de maneira mais sistemática. Como os mercados desenvolvidos, para a maioria, oferecem pouca ou nenhuma chance de crescimento, elas estão desesperadas em busca de oportunidades de expansão em algum lugar. A esta altura, dependendo do setor, de 70% a 80% do potencial de crescimento das vendas em todo o mundo para as empresa típicas decorre de mercados emergentes, e em algumas *todo* o crescimento deriva de mercados emergentes.

Também é forte o consenso entre as empresas a respeito do futuro: nos próximos cinco a dez anos (e, provavelmente, além disso), grande parte do crescimento das vendas das empresas se originará nos mercados emergentes. Portanto, muitas delas concluíram que devem ser mais atuantes nos países que hoje são e continuarão sendo mercados em crescimento. Esse componente do panorama competitivo, que é impulsionado pelo desespero e pelo anseio das multinacionais por crescimento mais rápido, irá se tornar ainda mais intenso nos próximos 10 anos.

Todas as multinacionais para as quais presto serviços hoje estão desenvolvendo e implementando estratégias que lhes proporcionarão mais crescimento nos mercados emergentes. Muitas estão evoluindo de investidas relativamente oportunistas para uma abordagem mais sistemática (descrita com detalhes mais adiante, neste livro), que concentra mais foco, atenção e investimentos nos países emergentes. Essa sistematização das iniciativas das multinacionais resultará em enormes pressões competitivas. As estratégias e táticas expostas mais à frente, neste livro, também mostram como prosperar sob essa nova intensidade competitiva.

Ascensão das multinacionais de mercados emergentes

Segundo, cada vez mais empresas de mercados emergentes têm ambições regionais e globais. Minha mais séria advertência a todos os clientes é nunca, jamais, ignorar *qualquer* concorrente, em especial as originárias de mercados emergentes. A história dos negócios está apinhada de esqueletos de empresas que riram dos japoneses na década de 1960 ou que desprezaram as empresas e marcas sul-coreanas uns 20 anos atrás. Hoje, observamos incrível expansão de empresas chinesas, indianas, brasileiras, turcas e de outros países emergentes, que transpuseram seus mercados internos e também estão em busca de crescimento em outros países. Muitas delas sofrem pressões de multinacionais em seus próprios países e procuram diversificar seu crescimento por meio da expansão internacional. Centenas de empresas e marcas chinesas serão reconhecidas como atores globais nos próximos 20 anos.

As multinacionais de mercados emergentes já representam 10% das 500 maiores empresas da *Fortune*, e a porcentagem está aumentando. Essas multinacionais de mercados emergentes estão desenvolvendo produtos com preços competitivos e com qualidade cada vez mais aceitável, não raro até excelente. Seus objetivos de margem são diferentes dos das grandes multinacionais. Elas operam rápido, com senso de urgência, e roubam fatias de mercado, em especial durante as crises, quando os clientes recorrem a novos sucedâneos menos renomados e mais baratos. Elas estão mais familiarizadas com os mercados emergentes que os conselhos de administração de empresas dos Estados Unidos e da Europa Ocidental, e tomam decisões com mais agilidade. Estão acostumadas com obstáculos operacionais e sabem como superá-los. Não raro observam com menos rigor as leis e regulamentos. Caçam os altos executivos das multinacionais tradicionais e dobram a remuneração deles para absorver-lhes a expertise.

Elas avançam a passos largos. Muitos de meus clientes que dirigem grandes multinacionais repetem a toda hora como estão impressionados com a capacidade de expansão e crescimento em ritmo acelerado das multinacionais de mercados emergentes. Um deles, que dirige a subsidiária de uma grande empresa americana na região Europa, Oriente Médio e África (EOMA), resume a situação nos seguintes termos:

> Enquanto participo de outro comitê em nossa sede decidindo sobre nossa estratégia para o Golfo, estamos perdendo mercado para os chineses, para os indianos e para empresas alemãs de médio porte, mais que em qualquer outra época. E quando decidirmos algo já seremos coadjuvantes. E, em poucos anos, a sede me perguntará por que perdemos mercado e por que não conseguimos crescer com mais rapidez.

Talvez a maior diferença em relação a cinco ou dez anos atrás seja que essas multinacionais de mercados emergentes têm bom acesso a financiamento. Na Ásia, na América Latina ou na Turquia, os bancos locais estão em muito melhor forma que os do mundo desenvolvido e o financiamento por meio de dívidas é relativamente fácil para as grandes empresas locais. Além disso, uma vez que a maioria dos mercados emergentes hoje se assenta sobre melhores fundamentos econômicos que o mundo desenvolvido (ver resumos de estratégias regionais no Capítulo 8), as grandes empresas locais também estão encontrando muito mais facilidade em levantar capital de terceiros por meio de emissões de bônus ou captar capital próprio por meio de lançamentos de ações.

Alguns atores também contam com apoio inequívoco do governo, por meio de subsídios, em suas iniciativas de expansão (geralmente de fundos soberanos ou mesmo de reservas oficiais). Não espero que essas fontes de financiamento sequem no futuro próximo. Se acontecer algo, a mudança provavelmente consistirá em facilitar ainda mais para as empresas locais o levantamento de recursos para a expansão internacional. Embora muitas dessas empresas, em geral, sejam boas, as multinacionais ainda desfrutam de vantagens em relação à maioria delas, o que devem explorar, questão a que voltaremos mais adiante.

Empenho de empresas de médio porte na expansão global

Terceiro, empresas médias e até pequenas do mundo desenvolvido também aceleraram com intensidade suas iniciativas de expansão internacional. E, sob muitos aspectos, são concorrentes formidáveis. As empresas de médio e pequeno portes, como as grandes, também estão ansiosas por crescimento. Mas enfrentam pelo menos três desafios. Para começar, sentem que conquistaram seus mercados internos e que agora precisam de novas áreas geográficas para crescimento, mas não sabem ao certo como expandir-se. Depois, se trabalham com exportações, geralmente consideram os mercados externos altamente voláteis e não sustentáveis. E, por fim, gostariam de fazer mais; porém, não estão seguras sobre como financiar a expansão. Mais adiante, neste livro, escrevo sobre o que as empresas de médio porte devem fazer para melhorar seus negócios de exportação.

Todavia, quaisquer que sejam os desafios, muitos de meus grandes clientes multinacionais relatam como as empresas de médio porte da Europa, dos

Estados Unidos e de outros países desenvolvidos estão cada vez mais atuantes, mesmo em alguns países emergentes pequenos e distantes. Depois de comparecer, recentemente, a alguns eventos na Alemanha, nos Países Baixos, na Suécia, na Espanha e nos Estados Unidos, destinados a empresas de médio porte, posso afirmar com segurança que o número de empresas interessadas em mercados emergentes está aumentando com rapidez. Estou convencido de que muitas delas continuarão a buscar maneiras de crescer nos mercados internacionais, desafiando tanto as multinacionais quanto os atores locais com produtos de nicho inovadores, posicionamento inteligente, marketing criativo, precificação agressiva, alta qualidade, expansão rápida e flexibilidade. Elas estão adicionando mais complexidade ao contexto competitivo já complexo.

Competição doméstica

Quarto, os participantes puramente domésticos – quase sempre empresas relativamente pequenas – estão atuando como concorrentes formidáveis e também estão ampliando suas operações em mercados que elas consideram seus feudos. Uma das maiores empresas de tecnologia da informação do mundo me disse poucos meses atrás que seu maior concorrente na Polônia (de uma de suas unidades de negócios) é uma empresa polonesa que só atua no mercado interno.

Ouço essas histórias o tempo todo e, em geral, o mais surpreendente é descobrir quão pequenos são alguns desses atores. Porém, essas empresas são dirigidas por empreendedores inteligentes e motivados, que se beneficiam com suas boas conexões (e que investem grande parcela de seu tempo no desenvolvimento dessas ligações); elas são inovadoras, voltadas para os clientes e agressivas na precificação, a fim de conquistar negócios e de constituir relacionamentos de longo prazo. Como as multinacionais de mercados emergentes, elas agora também têm mais acesso a financiamento que em qualquer outra época e são capazes de contratar bons profissionais e de investir em novos produtos e serviços. E muitas são ambiciosas e querem expandir-se, um dia, para além de suas fronteiras nacionais.

Portanto, a próxima década será marcada por pressões competitivas crescentes nos mercados globais. Em consequência do crescimento mais lento no mundo desenvolvido, as maiores concentrações dessa nova atividade competitiva inusitadamente vibrante se situarão em várias áreas geográficas emergentes. Isso significa que as empresas multinacionais continuarão a enfrentar pressões de vendas, de margens e de participação no mercado em níveis sem precedentes e ainda durante muitos anos. Numerosas estratégias e iniciativas bem concebidas, bem coordenadas e bem implementadas serão indispensáveis para alcançar o sucesso nesse novo panorama competitivo. O restante do livro trata em grande parte dessas estratégias.

GARANTIA DA SUSTENTABILIDADE DO NEGÓCIO EM MERCADOS EMERGENTES

Será que nosso negócio é sustentável em cada um dos mercados emergentes em todo o mundo? Será que o configuramos de maneira a superar o desempenho dos concorrentes durante muitos anos vindouros? Será que cobrimos todas as bases em nossa estratégia? Qual é o tamanho das barreiras de entrada de novos concorrentes nos mercados emergentes? Até que ponto nosso negócio é vulnerável nesses países? Essas são algumas das perguntas mais frequentes que ouço durante as conversas com os clientes e durante as pesquisas feitas para este livro. O mais interessante é que, na opinião da maioria dos executivos, as mudanças no ambiente externo e as pressões competitivas cada vez mais intensas estão revelando novas vulnerabilidades e rachaduras em suas estratégias e estruturas. Em outras palavras, o que, para muitas empresas, parecia, de início, negócio sustentável em mercado emergente já não parece a mesma coisa.

Apenas as empresas que constroem negócios sustentáveis em mercados emergentes prosperarão na nova economia global cada vez mais complexa, nos próximos 10 anos e no futuro mais distante. E somente aquelas que forem bem-sucedidas em mercados emergentes alcançarão crescimento constante e contínuo, capaz de garantir sua sobrevivência como um todo no médio e no longo prazo.

> Apenas as empresas que constroem negócios sustentáveis em mercados emergentes prosperarão na nova economia global cada vez mais complexa, nos próximos 10 anos e no futuro mais distante. E somente aquelas que forem bem-sucedidas em mercados emergentes alcançarão crescimento constante e contínuo, capaz de garantir sua sobrevivência como um todo no médio e no longo prazo.

QUESTÕES ESTRATÉGICAS E ESTRUTURAIS

Em numerosas empresas, os próximos anos serão decisivos para a sustentabilidade do crescimento. Muitos pontos que serão abordados neste capítulo se referem ao que as empresas devem fazer para construir um modelo de negócios sustentável nos mercados emergentes, a fim de superar os concorrentes e depromover o crescimento. Aqui estão as principais questões estratégicas e estruturais.

MANTENHA FOCO IMPLACÁVEL NO CRESCIMENTO
(PARA QUE OS CONCORRENTES NÃO COMAM O SEU ALMOÇO)

Os líderes devem incutir no novo DNA da empresa orientação inequívoca para o crescimento agressivo ao extremo. Ao mesmo tempo, esse esforço não deve limitar-se a aumentar as verbas orçamentárias dos diretores regionais e nacionais, que dirigem os vários negócios da empresa em mercados emergentes. A maior disponibilidade de recursos só surtirá os efeitos almejados de maneira consistente caso se construam com solidez os alicerces do crescimento futuro (conforme descrito neste capítulo). Não são poucos os casos com que deparo de executivos extremamente capazes, responsáveis por áreas geográficas complexas, que melhoram os resultados durante um ano, mas retornam aos patamares anteriores no ano seguinte. Quando buscamos as causas, logo se constata a obviedade flagrante de que a empresa se desenvolveu sobre fundações frágeis e que, portanto, é insustentável.

A liderança global de companhias abertas e seus proprietários institucionais, imbuídos de mentalidade de curto prazo, se empenham em produzir resultados trimestrais e anuais consistentes. À medida que a competição se intensificar ainda mais nos próximos anos, essa consistência de resultados se tornará impossível caso não se invista em alicerces sólidos para o crescimento contínuo e constante nos mercados emergentes. Em muitas empresas, constata-se discrepância entre a rapidez com que querem crescer nos mercados emergentes e o que efetivamente investiram antecipadamente para possibilitar esse crescimento. O objetivo é evitar e eliminar com persistência essa lacuna.

Imbuir o DNA de crescimento agressivo nas empresas é iniciativa positiva por muitas razões. As empresas que crescem com mais rapidez aumentam suas chances de sobrevivência. Elas geram mais lucros, canalizam o dinheiro para a construção de barreiras de entrada mais altas e cultivam a sustentabilidade. Os empregados se sentem mais motivados quando tripulam barcos que mantêm o curso e que ganham a corrida. Nessas condições, é mais fácil reter os melhores e os mais brilhantes.

CONCENTRE FOCO TÃO INTENSO NOS MERCADOS EMERGENTES QUANTO NOS MERCADOS DESENVOLVIDOS

No passado, a empresa típica dedicava proporção muito maior de tempo e de atenção aos mercados desenvolvidos que aos mercados emergentes. Essa abordagem era compreensível. Os mercados desenvolvidos respondiam por maiores volumes de negócios e ainda ofereciam oportunidades de crescimento, embora em desaceleração. A equipe executiva global precisava garantir que os negócios de grandes volumes se saíssem bem, dedicando relativamente pouco tempo aos negócios dos mercados emergentes. Tradicionalmente, os mercados emergentes eram tratados como lugares que apenas suplementavam os negócios do mundo desenvolvido e contribuíam para o resultado final. Raramente, os mercados emergentes eram considerados de importância estratégica crucial.

Tradicionalmente, os mercados emergentes eram tratados como lugares que apenas suplementavam os negócios do mundo desenvolvido e contribuíam para o resultado final. Raramente, os mercados emergentes eram considerados de importância estratégica crucial.

Porém, manter esse curso hoje é perigoso demais, se a empresa quiser ser ator global bem-sucedido na próxima década. Os CEOs responsáveis não podem pensar apenas nos próximos trimestres. Os negócios no mundo desenvolvido, embora ainda representando o maior volume de vendas da empresa multinacional típica, mal estão crescendo na maioria dos casos. E, em comparação com os mercados emergentes, irão desacelerar ainda mais nos próximos anos (ver Capítulo 1).

Chegou a hora de as empresas avançarem para o próximo nível de sistematização de seus negócios nos mercados emergentes, por meio de uma abordagem sustentável. Embora esse esforço de sistematização tenha muitos aspectos (que analisarei em todo este livro), um fator básico é de extrema importância. No nível global, os mercados emergentes devem ser tratados com a mesma seriedade, foco e atenção que se dedicam ao mundo desenvolvido. Hoje, isso muitas vezes significa que os mercados emergentes estão recebendo proporção maior que a costumeira dos recursos da empresa para desenvolvimento de negócios.

CRIE E FOMENTE UM "MONSTRO DE DUAS CABEÇAS"

Duas são as tentações que hoje afligem as empresas, e ambas são perigosas. Primeiro, algumas sucumbem à tentação e tomam a decisão de concentrar recursos maciços nos mercados emergentes, nitidamente aexpensas de mercados desenvolvidos. Segundo, outras sucumbem à tentação e tomam a decisão de proteger os negócios existentes (principalmente no mundo desenvolvido), a expensas de qualquer expansão sistemática nos mercados emergentes (ou, pior, tratando os mercados emergentes como lugares a serem espremidos em busca de lucro no curto prazo).

O problema daí decorrente é arriscar os negócios promissores tanto no mundo desenvolvido quanto nos mercados emergentes. A empresa do futuro deve ser um pouco como o personagem daquele filme engraçado, estrelado por Steve Martin, *O médico erótico*. Para progredir, ela deve tornar-se um "monstro de duas cabeças": uma cabeça se concentra na proteção (e no crescimento, se possível) dos mercados do mundo desenvolvido, caracterizados por grandes volumes e baixo crescimento; a outra cabeça se empenha na construção de posições de mercado de médio e longo prazos nos países emergentes. Realmente, isso é como cultivar duas mentalidades diferentes. E ambas as cabeças precisam conversar uma com a outra e trocar experiências, mais que nunca. No futuro, quando os mercados emergentes se tornarem mais ricos, as duas cabeças se fundirão, mas isso daqui a muitas décadas. Sem foco e sem compromisso estratégico, nenhuma empresa jamais superou a concorrência nos mercados emergentes, em bases sustentáveis. O "cérebro" dos mercados emergentes deve adotar perspectiva de prazo muito mais longo.

Uma maneira pela qual algumas empresas estão desenvolvendo o "monstro de duas cabeças" é nomear um chefe de mercados emergentes, de modo que o foco e a atenção recém-descobertos não se percam com o passar do tempo.

O chefe de mercados emergentes se reporta diretamente ao CEO e supervisiona chefes regionais para mercados emergentes da Ásia, América Latina, África Subsaariana, Oriente Médio e Norte da África (OMNA) e Europa Central e Oriental (ECO). Nessas regiões, muitas empresas também desenvolveram subaglomerados regionais (grupos de países que compartilham semelhanças e numerosos custos fixos referentes a funções empresariais que não envolvem relacionamentos pessoais).

As empresas que promovem essas mudanças estruturais internas passam a dedicar aos mercados emergentes atenção justa e adequada no âmbito global e, mais importante, passam a alocar aos mercados emergentes recursos proporcionais aos próprios méritos. Por exemplo, se um executivo regional que dirige um mercado emergente do Oriente Médio reivindica mais recursos para a Arábia Saudita, em rápido crescimento, a empresa que não estiver estruturada como "monstro de duas cabeças" talvez envie a seguinte mensagem ao chefe regional: "Estamos em campanha de redução de custos no mundo desenvolvido e não dispomos de novos recursos para a Arábia Saudita." Primeiro, isso não deve acontecer numa empresa que pretende promover o crescimento de seus negócios globais. Segundo, é menos provável que isso aconteça numa empresa estruturada de maneira a fomentar sistematicamente novas oportunidades de negócios nos mercados emergentes.

EVITE MISTURAR ESTRUTURAS ORGANIZACIONAIS DE MUNDO DESENVOLVIDO E DE MERCADOS EMERGENTES

Muitas empresas aprenderam da maneira mais difícil que incumbir uma única pessoa de dirigir América do Norte e América Latina ou Europa Ocidental e Europa Central e Oriental não é bom para o crescimento das vendas nos mercados emergentes. Os grandes mercados desenvolvidos são tão importantes em termos de tamanho que qualquer pessoa que dirija a Europa Ocidental dedicará a maior parte de seu tempo a essa tarefa, pouco lhe restando para concentrar-se em um conjunto de mercados menores da Europa Central e Europa Oriental. Em consequência, essas empresas geralmente subexploram os mercados emergentes e se submetem aos concorrentes. Também se limitam a conquistar e a manter posições de mercado às vezes ridiculamente pequenas, diante da força global de suas marcas.

Nas condições ideais de foco intenso no desenvolvimento de negócios sustentáveis nos mercados emergentes, os chefes regionais de mercados emergentes devem dirigir áreas específicas menores e reportar-se diretamente ao CEO ou ao chefe de mercados emergentes globais, em vez de cuidarem de regiões mais amplas, como Europa, Oriente Médio e África (EOMA), ou Américas ou Pacífico Asiático.

Numa estrutura menos ideal, mas aceitável, as empresas podem manter, por exemplo, seu chefe da Europa, do Oriente Médio e da África, desde que, abaixo dele, haja outra camada de gerentes regionais, cada um incumbido, por exemplo, da África Subsaariana; África, Oriente Médio e Norte da África; Europa Central e Oriental; e Europa Ocidental. Do mesmo modo, ter um chefe das Américas também é razoável, contanto que, respondendo a ele, exista um chefe regional da América Latina, que more nesse território. Dentro do Pacífico Asiático, deve haver no mínimo chefes separados para o Japão e para o resto da Ásia emergente (embora um número crescente de empresas, como deve ser, tratem a China e, cada vez mais, a Índia, como entidades separadas, sob chefes distintos, que se reportam diretamente à sede global).

Considero essa estrutura menos ideal porque muitos de meus clientes se deram conta de como as mensagens oriundas da Europa Central e Oriental (ECO) ou do Oriente Médio e Norte da África (OMNA) chegaram distorcidas ao topo, depois de passarem pela triagem da estrutura abrangente de Europa, Oriente Médio e África, na qual as preocupações com a Europa Ocidental são tão preponderantes. Por isso, digo às empresas que a estrutura ideal consiste em gestores regionais de diferentes mercados emergentes prestando contas diretamente à sede global, de modo que a imagem real do mercado chegue intacta ao topo, nua e crua, sem filtros. Nessas condições, sem censura e diluição, será mais fácil definir que mercados merecem mais recursos, que mudanças devem ser feitas no portfólio de produtos ou por que os salários do pessoal-chave devem ser mais altos na Rússia que na Áustria.

EVITE A MENTALIDADE DE CURTO PRAZO

Quando se observa a lista da *Fortune 500* de uns 25 anos atrás, em comparação com a de hoje, percebe-se que apenas 40% das empresas de então continuam entre as 500 maiores. Nada menos que 60% das empresas da primeira lista já não aparecem na edição mais recente. No entanto, muitas empresas dão como certa sua sobrevivência nas próximas décadas. Considerando o aumento maciço nas pressões competitivas oriundas de todos os cantos, a taxa de fracasso das empresas aumentará em ritmo crescente. E as estratégias empresariais inteligentes precisam resguardar-se contra essa tendência. Manter negócios sustentáveis em mercados emergentes deve ser parte essencial da estratégia empresarial, mas, para tanto, as equipes de liderança globais precisam constituir canais de comunicação diferentes com os investidores (a esse respeito, a vida é mais fácil para as empresas de capital fechado e para as empresas europeias e japonesas, financiadas em grande parte com capital de terceiros, uma vez que podem adotar perspectiva de prazo mais longo).

O principal ponto de comunicação com os investidores em ações (muitos dos quais hoje não mais se comportam como investidores, mas como especuladores que seguem a manada) é explicar-lhes com paciência que a intenção é assumir a liderança em mercados globais, que essa estratégia custará dinheiro e que, em consequência, o lucro por ação diminuirá nos próximos 12 a 18 trimestres. A principal mensagem é que os investimentos na construção de negócios internacionais mais fortes garantirão fluxos de lucro mais volumosos e mais consistentes no médio e no longo prazo.

Já vi numerosos conselhos de administração ficarem muito nervosos por causa dessa ideia, em dúvida sobre a reação de Wall Street e com medo de um colapso no preço da ação. Porém, qualquer líder de empresa, se quiser garantir a prosperidade duradoura do negócio, deve evitar cair no jogo dos lucros trimestrais. A busca do lucro trimestral, ao longo dos anos, enfraqueceu numerosas empresas e literalmente destruiu as ambições de muitas outras de expandir-se no âmbito internacional. Trabalho com empresas que se incluem entre as três maiores em seus mercados internos na Europa e nos Estados Unidos, mas que são a número 11 na Turquia ou a número 14 no Chile. Sabe-se que essas empresas sempre investem pouco em seus negócios nos mercados emergentes. Quando um CEO dos Estados Unidos me perguntou, no começo de 2011, o que fazer com seus investidores de curto prazo, sugeri-lhe, em tom de brincadeira: "Mande Wall Street para o inferno – mas com educação."

Infelizmente, também vemos ao longo dos anos como alguns líderes de empresas continuam a maximizar os retornos trimestrais para agradar a seus investidores e para ganhar pessoalmente com planos de ação lucrativos. A vida útil dos CEOs típicos torna-se mais curta ano após ano. Portanto, muitos deles, quando finalmente alcançam o topo, querem ter a certeza de colher os maiores benefícios pessoais. Compete aos conselhos de administração identificar esses CEOs o mais cedo possível e reagir de maneira compatível.

PRATIQUE O PLANEJAMENTO DE LONGO PRAZO PARA MERCADOS EMERGENTES

Mais do que nunca, muitas empresas estão desenvolvendo planos de 10 anos para o crescimento em mercados emergentes. Hoje, muitos altos executivos sentem a necessidade de elaborar guias de orientação para períodos prolongados, que norteiem seu planejamento estratégico e operacional. Um executivo sênior me disse recentemente:

> Quando desenvolvemos planos de três anos, de alguma maneira sempre alcançamos o que nos propusemos realizar. Porém, hoje, três anos não são suficientes. Três anos ainda nos induzem a pensar demais nos trimestres e depois nos surpreendemos postergando certas iniciativas de crescimento durante qualquer retrocesso externo. Dez anos é um bom horizonte e temos um plano denominado Visão 2020. Embora pareça um pouco enfadonho, lembrando o blá-blá-blá de visão corporativa e coisa e tal, trata-se, efetivamente, de algo útil, pois sabemos que isso nos forçará a refletir sobre como chegar lá. O aspecto mais importante do plano é definir os investimentos em fabricação, marketing, recursos humanos e outros, a serem feitos. E sem esses investimentos prévios inteligentes, a conquista desses mercados não passará de sonho.

MUDE PARA INVESTIMENTOS DE LONGO PRAZO EM MERCADOS EMERGENTES

Outro executivo de uma das maiores empresas de bens de consumo do mundo diz que seu planejamento de longo prazo acabou de sofrer outra reviravolta.

> Somos uma das poucas empresas que têm feito planejamento de longo prazo para os mercados emergentes e posso garantir-lhe que essa prática tem sido incrivelmente útil. Hoje, temos planos de longo prazo para quase todos os países no mundo emergente. Tenho condições de dizer-lhe agora o que estamos planejando fazer no Quênia, em 2016, ou no México, em 2018. É tão detalhado assim e inclui novas unidades de fabricação, lançamentos de produtos, efetivos de pessoal – é só dizer o que você quer. Evidentemente, só grandes rupturas políticas podem mudar tudo isso, mas, mesmo para essas hipóteses, temos planos de contingências. É um guia de orientação que motiva o pessoal.

Em outras entrevistas com empresas, identifiquei outra consequência positiva dos planos de longo prazo. A esperança é que esse planejamento aumente a resistência da empresa à competição crescente, sobretudo se demandar presença local mais profunda de funções de negócios que exijam relacionamentos face a face (como é o caso dos bons planos). Além disso, o planejamento de longo prazo é ferramenta eficaz de retenção de pessoal. É mais fácil promover o trabalho em equipe e motivar os empregados quando há uniformidade de propósitos – objetivos nítidos pela frente. Tudo isso ativa a seiva competitiva e facilita as execuções regional e local, desde que as taxas de crescimento no curto prazo sejam razoáveis e realistas.

Como parte desse planejamento de longo prazo, as empresas podem perguntar-se se elas têm planos para a Indonésia, para a Turquia ou para a Rússia, abrangendo os próximos 10 anos. Ou se elas têm planos para a África (a propósito, a maioria das empresas não tem e não sabe como fazê-lo). O planejamento de longo prazo deve situar-se nos níveis regional e nacional – e ser tão detalhado e tão fundamentado quanto possível. Outro ponto crítico é compreender os vetores econômicos subjacentes, para formular premissas razoavelmente exatas sobre o futuro.

CRIE CONDIÇÕES PARA A EXECUÇÃO DOS PLANOS DE LONGO PRAZO

É perigoso ser apenas visionário em relação aos mercados emergentes mas não fazer o necessário em termos de investimentos prévios. E, infelizmente, muitas empresas ainda são contumazes em agir exatamente assim. Elas falam muito e no fim das contas prejudicam não só os pobres executivos regionais e nacionais, mas também, acima de tudo, a si próprias.

Numerosas empresas com as quais trabalhei nos últimos dois anos realmente deixaram em compasso de espera seus planos de longo prazo, engavetando muitas das iniciativas, à espera de serem implementadas. Evidentemente, parte do atraso tem a ver com o impacto da crise financeira e econômica global, e, quando esse é o caso, as postergações são justificáveis. No entanto, outra parcela considerável é apenas manifestação da velha tradição empresarial de elaborar planos grandiosos para os mercados emergentes, mas não levá-los avante com investimentos reais. Um executivo regional resumiu bem a situação:

> A empresa realmente não executou os investimentos que foram programados naqueles vistosos slides em PowerPoint que apresentamos ao CEO e que ele aprovou. Mas eu ainda devo cumprir as metas de crescimento. Essa é a maneira mais fácil de estimular executivos leais e comprometidos a pensar em deixar a empresa. É extremamente desmotivador.

DIVERSIFIQUE O CONSELHO DE ADMINISTRAÇÃO COMO FATOR ESSENCIAL PARA A AMPLIAÇÃO DOS HORIZONTES DA EMPRESA

"Desde quando trouxemos um brasileiro para sentar-se em nosso conselho de administração global, passamos a compreender muito melhor e a investir muito mais na América Latina, e os retornos têm sido fenomenais." Ouvi comentários como esse com muita frequência nos últimos anos. Cada vez mais empresas se dão conta de que conselhos de administração uniformes em termos de nacionalidades descortinam horizontes muito estreitos. Naturalmente, há preconceitos contra todos ou alguns mercados emergentes. As pessoas ainda se lembram das crises econômicas, durante a década de 1990, no México, na Ásia, no Brasil e na Rússia, e acham que esses lugares são arriscados demais e que não justificam esforços persistentes. Os preconceitos remanescem, mas muitos são indevidos e/ou se baseiam em experiências negativas no passado (geralmente decorrentes de má execução), que já não refletem a realidade.

Durante uma reunião de conselho de administração em que falei recentemente, um dos conselheiros explicou como a empresa tentara a Europa Central e Oriental, não se saíra bem e caiu fora. Ele era contra a reentrada nesse mercado. Quando sondei como se executara a primeira investida e o que acontecera, ficou claro que a abordagem anterior fora totalmente inadequada, com investimento prévio muito pequeno e com administração a distância, por meio de executivos itinerantes. Eles investiram pouco, gerenciaram mal e foram devorados vivos por concorrentes mais sistemáticos.

Os novos conselheiros, originários de economias emergentes ou muito experientes nessas áreas geográficas, podem agregar enorme valor às estratégias empresariais e, mais importante, contestar vários preconceitos nefastos. A qualidade dos debates no conselho de administração aumenta e as economias emergentes conquistam maior parcela de atenção. A diversificação das discussões no conselho de administração propiciará a avaliação de oportunidades nos mercados emergentes e favorecerá a percepção de que, na realidade, grande parte dos riscos nos mercados emergentes são gerenciáveis, quando se adotam abordagens, estruturas e diretrizes certas. Os novos conselheiros, que atuam em mercados emergentes ou que os conhecem em profundidade, também podem detectar riscos realmente sérios, que talvez não sejam visíveis para olhos inexperientes, e evitar que a empresa caia em armadilhas – algo que contrarie as melhores práticas ou que seja muito perigoso.

CERTIFIQUE-SE DE QUE A LIDERANÇA EXECUTIVA DA EMPRESA APOIA INTEGRALMENTE INVESTIMENTOS PRÉVIOS SIGNIFICATIVOS NOS MERCADOS EMERGENTES

Além de conseguir o apoio dos conselhos de administração para o desenvolvimento de estruturas de negócios sustentáveis nos mercados emergentes, é essencial contar com uma equipe executiva integralmente comprometida, não apenas com o CEO. Diretores regionais relatam que seus planos de expansão só foram totalmente implementados depois de contarem com o respaldo de todos os líderes, possibilitando a plena mobilização dos recursos necessários. Várias empresas com que trabalhei ao longo dos anos disseram que só o comprometimento do CEO não era suficiente. Muitas vezes, o número dois ou o número três na empresa não está totalmente empenhado na iniciativa e acaba minando os planos de expansão, por recear o impacto dos custos nos resultados trimestrais e, por conseguinte, nos preços das ações. Sem o suporte integral e efetivo de toda a equipe executiva global, muitas empresas não conseguem desenvolver negócios sustentáveis nos mercados emergentes, permitindo a proliferação de ervas daninhas que lhes reservarão surpresas desagradáveis nos próximos anos, quando concorrentes de todos os cantos do mundo se tornarem mais sistemáticos e agressivos.

Portanto, ao tentarem formar um coro uníssono, que seja ouvido com clareza no topo, os diretores regionais devem assegurar que os principais executivos da empresa visitem os mercados em questão, vejam o negócio e o pessoal local em ação e apreciem as oportunidades – mas também compreendam o tamanho dos investimentos necessários para assegurar sua eficácia.

NÃO ESPERE CONQUISTAR DE PRONTO A LIDERANÇA DO MERCADO – AO CONTRÁRIO, FOMENTE UMA CULTURA DE INVESTIMENTOS PRÉVIOS E DE CONSTRUÇÃO PROATIVA DA MARCA

Uma das queixas mais frequentes que ouço de diretores regionais é a de que as matrizes se mostram entusiasmadas com os mercados emergentes, mas, com frequência, não agem em consonância, negligenciando os investimentos prévios necessários para fazer acontecer. Já escrevi sobre a arrogância muito comum entre grandes empresas, como característica habitual e prejudicial de sua atuação em mercados emergentes, ao suporem que, se suas marcas são conhecidas no mundo desenvolvido, de alguma maneira serão admiradas e compradas instantaneamente nos mercados emergentes. Elas supõem que a liderança do mercado é praticamente automática, como privilégio herdado.

No entanto, ainda que a suposição se confirme no caso de marcas realmente globais, de grande reputação, está longe de se aplicar à maioria das situações. Ironicamente, em geral, as marcas mais bem conhecidas são as menos petulantes, investindo enormes quantias no desenvolvimento e na preservação de todos os atributos que lhes garantiram o sucesso nos mercados desenvolvidos. Com base em minha experiência as "Nestlés e Cocas" da vida são mestres na construção contínua da marca, como obra em andamento, adotando atitudes menos complacentes. Outras, que presumem a liderança automática e não fomentam investimentos prévios, expõem-se a grandes perigos. É até possível que essa expectativa insolente, de direito divino, tenha funcionado no passado, quando a competição nos mercados locais era fraca, mas essa época se perde no tempo, à medida que as pressões competitivas aumentam todos os dias.

APROFUNDE A PRESENÇA, A INFRAESTRUTURA, AS CAPACIDADES E AS COMPETÊNCIAS NO NÍVEL DE PAÍS – ESTRATÉGIAS REGIONAIS NÃO SÃO SUFICIENTES

Para construir sucesso duradouro nos negócios internacionais do futuro, as empresas devem investir em infraestruturas, competências e capacidades locais excepcionalmente profundas. Muitos executivos com que mantenho contatos frequentes insistem em que devem dispor de melhores recursos em vários mercados de todo o mundo. Predomina o senso de que, do contrário, será difícil fomentar importantes relacionamentos, compreender os consumidores e sua evolução, garantir acesso constante aos governos e engajar-se na boa execução local e na excelência em marketing/vendas.

Já se sabe com muita clareza que as empresas precisam de estratégias sofisticadas no nível de país e que as abordagens puramente regionais já não são suficientes. Numerosas empresas são muito detalhistas nas estratégias regionais e pouco minuciosas nas estratégias mais profundas, no âmbito de país. Não raro deixam a estratégia nacional para os gerentes gerais locais – ou, muito pior, por conta dos distribuidores – sem compreender plenamente as necessidades de recursos nem avaliar totalmente o potencial de crescimento. Estratégia regional como diretriz abrangente, sim; mas se as empresas não se envolverem com muito mais profundidade nos mercados locais do futuro, deixarão espaço de manobra inaceitável para os concorrentes. Essa omissão é arriscada demais, considerando o aumento inacreditável das pressões competitivas.

Embora esse aspecto ressoe em manifestações frequentes, como no velho clichê "Pensamento global e execução local", ele de fato tem mais a ver com dispor no local de infraestrutura suficiente e de indivíduos adequados, com as competências e as capacidades indispensáveis. Sem isso, qualquer execução local será inadequada, na melhor das hipóteses. É como diz um de meus maiores clientes do setor de alimentos e bebidas:

> Nos próximos 10 anos, três serão os requisitos importantes para nós nos mercados emergentes: execução local, execução local e execução local. Graças a Deus eu me aposento no ano que vem. O trabalho será duro!

CERTIFIQUE-SE DE QUE OS LÍDERES DA EMPRESA ESTÃO CONSCIENTES DO GRANDE NÚMERO DE OPORTUNIDADES – E DESAFIOS – EM MERCADOS EMERGENTES

Embora numerosos executivos seniores se refiram aos mercados emergentes com entusiasmo crescente, em muitas empresas as palavras grandiosas não são confirmadas pela alocação de recursos adequados. Diretores regionais experientes sabem que a melhor maneira de angariar recursos é garantir que os principais líderes visitem tantos mercados quanto possível em todo o mundo, conversando com clientes, consumidores e outras empresas e sentindo o pulso do mercado pessoalmente. Em geral, essas mudanças acabam aumentando o entusiasmo e, em consequência, a alocação de recursos. E, o mais importante, ajuda os líderes a apreciar o potencial do mercado, o que é fundamental quando se trata de distribuir recursos muito escassos durante crises globais.

> É fundamental investir recursos nos mercados com base nos próprios méritos e no potencial de crescimento, em vez de sob a influência do que está acontecendo em outros lugares.

Quando a situação fica difícil no mundo desenvolvido, é fácil para os principais líderes que não conhecem os mercados emergentes afirmar sem hesitação: "Você precisa de recursos para a Turquia? Só pode estar brincando! Você não sabe que estamos reduzindo custos na Itália e nos Estados Unidos?" Mas as empresas cujos líderes seniores compreendem e apreciam os mercados emergentes não caem nessa armadilha do curto prazo. Afinal, é fundamental investir recursos nos mercados com base nos próprios méritos e no potencial de crescimento, em vez de sob a influência do que está acontecendo em outros lugares. E, conforme explico no último capítulo, muitos mercados emergentes se darão bem no futuro e superarão facilmente as taxas de crescimento econômico dos mercados desenvolvidos.

Embora, em geral, seja extremamente benéfico para as empresas que os diretores regionais levem os líderes globais para visitar suas regiões, é importante que os líderes regionais e nacionais não exagerem nas virtudes de certas regiões e países. Em outras palavras, também mostre ao CEO e à equipe dele o lado negativo dos mercados – as áreas pobres e arriscadas. Se a mensagem não for equilibrada, os executivos regionais e nacionais acabarão com enormes orçamentos irreais, que tornarão suas metas difíceis de atingir.

DESCENTRALIZE A TOMADA DE DECISÕES, MAS NÃO AO EXTREMO

A história dos negócios internacionais mostra que as empresas geralmente se internacionalizam indo de um extremo ao outro. Elas partem de uma estrutura centralizada pesada – com os centros globais e regionais apinhados de recursos e com os níveis locais desprovidos de meios. Nessas situações, quase todas as decisões se concentram no centro. Depois de algum tempo, as empresas percebem que essa estrutura é ineficaz e desenvolvem feudos nacionais, com infraestruturas autônomas e com autoridade decisória quase irrestrita.

Ambas as abordagens estão erradas. Na primeira, nada é sustentável e tudo não passa de entusiasmo inicial que não durará muito. Na segunda, a profundidade das infraestruturas locais pode ser muito boa para vendas e marketing, assim como para a compreensão geral dos mercados; mas, ao mesmo tempo, em algumas empresas, no passado, os gestores nacionais nem precisavam ir à sede quando queriam abrir novas fábricas. Simplesmente as construíam, o que resultava em grandes ineficiências, em termos de fabricação e P&D, para não falar nas ineficiências das estruturas de custos.

A melhor solução, do ponto de vista de tomada de decisões, que recomendo a meus clientes (porque apresenta os melhores resultados para a receita e para o lucro líquido) é delegar mais atribuições aos gestores nacionais, outorgar-lhes mais autoridade decisória e exigir-lhes mais prestação de contas;

porém, ao mesmo tempo, garantir a existência de diretrizes claras, de observância obrigatória (como as referentes a decisões sobre fabricação e sobre o significado da marca e dos produtos). Algumas das empresas em mais rápido crescimento nos mercados emergentes são aquelas que permitem aos gestores nacionais contratar pessoal com base nos próprios critérios, que lhes conferem ampla liberdade, e que transferem para o âmbito local a execução do marketing e das vendas.

Delegar mais atribuições e autoridade e exigir mais prestação de contas fazem maravilhas quando se trata de motivar os líderes em nível de país. Quando a crise global transbordou para a Europa Central e Oriental, alguns diretores regionais disseram a seus chefes de países: "Este é o seu território. Você o conhece melhor. Você decide como evitar o colapso das vendas. Você determina como promover o crescimento. A criança é sua." Esses diretores regionais relatam que os níveis de motivação galgaram novos picos. É como um líder me relatou recentemente:

> Meu gerente nacional no Brasil sempre me disse que tudo o que ele quer de mim é que eu o deixe sozinho para produzir. Finalmente cedi durante a crise e ele floresceu. Os resultados perfuraram o telhado desde quando eu saí do pé dele.

AUMENTE OS RECURSOS DE LINHA DE FRENTE PARA ATIVIDADES QUE ENVOLVAM RELACIONAMENTOS FACE A FACE E GERENCIE AS FUNÇÕES DE RETAGUARDA EM UNIDADES CENTRAIS OU REGIONAIS

Delegar mais atribuições e autoridade decisória aos gestores nacionais não envolve necessariamente base de custos fixos mais elevada. Não há razão para executar todas as funções de negócios em cada mercado. Isso seria desperdício de recursos.

É essencial que as atividades face a face sejam bem representadas nos mercados locais. Muitas funções de marketing, de vendas e de relações com o governo devem dispersar-se por todas as bases locais e realizar-se no nível local. Em outras palavras, nossas marcas significam muito, mas, em cada área, definimos a melhor maneira de comercializá-las e vendê-las.

Ao mesmo tempo, todas as funções de retaguarda que não exigem contatos face a face podem concentrar-se em escritórios de apoio regionais ou sub-regionais, sob a forma de centros internos de serviços compartilhados ou de centros terceirizados de serviços compartilhados (embora muitas empresas façam restrições à terceirização de certas funções, como a cobrança de contas a receber de clientes tradicionais).

SEJA FLEXÍVEL NA ABORDAGEM E NAS ESTRUTURAS

Os negócios se movimentam com muita rapidez nos mercados emergentes. Muitos diretores regionais de multinacionais acham que as abordagens das matrizes são muito rígidas e pouco sensíveis às necessidades e realidades dos mercados locais. Esqueça a atitude "Não é assim que fazemos" e garanta que cada mercado seja abordado de maneira a maximizar as vendas, a fatia de mercado e o crescimento do lucro, com sustentabilidade. Se para tanto for necessário agir de modo diferente do habitual, mas que seria eficaz no âmbito local, por que não romper os padrões? (Evidentemente, isso não envolve transgressões das leis e dos regulamentos!)

Se a abordagem funcionar, espalhe a novidade com rapidez para todos os mercados. Os diretores regionais de grandes multinacionais geralmente veem a própria empresa como enormes tanques, lentos e pesados, que demoram uma eternidade para mudar de rumo, acelerar ou parar. E enquanto o tanque tenta acertar a direção, concorrentes mais ágeis invadem os mercados com velocidade incrível.

> "Enquanto nossas reuniões de planejamento na matriz não chegavam a um acordo em relação a nada, não só perdíamos participação no mercado em muitos países, mas também deixávamos passar várias oportunidades de aquisições estratégicas que realmente nos transformariam em ator importante na Ásia e na América Latina", diz um diretor regional de uma multinacional dos Estados Unidos.

Ameaças específicas à lentidão e à rigidez das multinacionais decorrem não só das multinacionais de países emergentes, mas também dos concorrentes que só atuam nos mercados internos.

"Eles realmente estão correndo atrás do nosso dinheiro. Já não é mais uma história de um pequeno grupo de concorrentes incômodos. A qualidade deles está melhorando muito, a velocidade das suas decisões é fenomenal e já levaram dezenas de executivos de nossa empresa nos últimos dois anos. Eles pagam realmente bem e precisamos fazer alguma coisa a esse respeito com urgência", disse um diretor regional de uma empresa europeia com sede em Genebra.

Outro diretor regional de uma empresa multinacional em Dubai recomenda:

Para melhorar nossos negócios nos mercados do Golfo e na CEI, concluímos que necessitamos de fortes equipes de profissionais de relações com o governo em praticamente todos os mercados. Aqui nada é feito no setor público sem fortes ligações com as autoridades do governo. Mas a sede rejeitou nossa ideia, porque nossas regras globais dizem que alguns desses mercados são pequenos demais para justificar profissionais de relações com o governo.

Esse é um exemplo típico de uma empresa que atribui mais importância a regras globais inúteis que ao atendimento das reais necessidades do negócio no nível local, como condição de crescimento. Essas empresas estão atirando no próprio pé e deixando a porta escancarada para a concorrência.

A LIDERANÇA E A PRESTAÇÃO DE CONTAS POR ÁREAS GEOGRÁFICAS SÃO PEÇAS CRUCIAIS DO ENIGMA DO CRESCIMENTO

Eis o que disse o CEO de uma das maiores multinacionais, durante uma reunião recente:

Temos seis grandes unidades de negócios globais e quando assumi esta multinacional fiquei surpreso com o fato de uma delas atuar com ótimos resultados em mercados emergentes, de duas estarem razoavelmente bem estabelecidas [em mercados emergentes], de uma fazer alguma coisa [em mercados emergentes] por meio de distribuidores e de duas serem ativas apenas na União Europeia e nos Estados Unidos. Quando conversei com os chefes globais dessas unidades de negócios, percebi que alguns estavam interessados em negócios internacionais, enquanto outros apenas gerenciavam o que tinham sob a responsabilidade deles, trimestre a trimestre, relutantes em assumir riscos. Fiz duas coisas com rapidez: primeiro, disse aos chefes das unidades globais que eles tinham de tornar-se globais da maneira como uma de nossas unidades bem-sucedidas havia feito. Segundo, para ajudar nessa expansão global, rapidamente instalei chefes de áreas geográficas em cinco regiões emergentes, incumbi-os de promover o crescimento e atribuí-lhes responsabilidade de lucros e perdas pelo crescimento regional de todos os nossos negócios. Os chefes de áreas geográficas e os chefes de unidades de negócios [globais] agora trabalham em estreito relacionamento, em busca do crescimento. Fizemos essa mudança três anos atrás e todos se surpreenderam com a quantidade de novos negócios que encontramos, depois de adotarmos o foco geográfico e de mobilizarmos todas as nossas unidades de negócios para a busca proativa de oportunidades. O resultado final é que agora estamos crescendo mais rápido que nunca, de maneira mais eficiente.

Muitas são as evidências casuísticas a demonstrar que as empresas com muitas unidades de negócios apresentarão desempenho insatisfatório se não adotarem foco geográfico, ou seja, se apenas chefes de unidades de negócios globais decidirem o que será feito, sem trabalhar em nível local. A chave é estipular mandato nítido para os líderes de áreas geográficas e fomentar o bom espírito de equipe entre os chefes de áreas geográficas e os chefes de unidades de negócios.

A prestação de contas regional nítida é importante e induz os chefes de áreas geográficas a descobrir novas fontes de crescimento. Em outras palavras, eles "vivem e morrem" em um território e têm enormes incentivos para buscar o sucesso. Ao mesmo tempo, a estrutura precisa ser concebida para continuar fomentando todas as unidades de negócios da área geográfica. Em outras palavras, a empresa não estará atuando bem se, por exemplo, os resultados regionais totais forem melhores que os do ano anterior, mas, no percurso, três unidades de negócios não apresentarem desempenho satisfatório.

Para impulsionar ainda mais as perspectivas de lucro, várias empresa que conheço bem criaram agora posições de líderes regionais de projetos de crescimento, que se reportam a chefes de áreas geográficas e são incumbidos de explorar proativamente oportunidades de crescimentoem toda a sua região geográfica. Não precisa dizer que essa responsabilidade geográfica também é essencial em nível de país.

PENSE CRIATIVAMENTE SOBRE O FINANCIAMENTO DA EXPANSÃO EM MERCADOS EMERGENTES

Expandir-se de maneira adequada para mercados mundiais e construir negócios sustentáveis não é exercício pouco dispendioso. As expansões baratas tendem a comprometer os resultados ao longo do tempo, sobretudo em comparação com os concorrentes (porém não em todos os setores – as marcas de hotel ainda podem expandir sem investir em recursos, por meio apenas de contratos de gestão). Muitas empresas se questionam sobre como financiar a expansão ou relutam em mergulhar nas reservas de caixa nesta época de incertezas econômicas. Embora a maioria das multinacionais tenha sido atingida com intensidade quando a crise global começou, poucos anos atrás, muitas delas agora estão aboletadas em pilhas de dinheiro sem precedentes, mas relutam em gastar. As empresas americanas têm mais reservas de caixa hoje que em qualquer época nos últimos 50 anos.

Porém, as empresas inteligentes devem explorar essas reservas de caixa agora e construir negócios capazes de conquistar fatias de mercado em países de todo o mundo. O período de crescimento lento nos países desenvolvidos (que se estenderá bem além de 2012) oferece, na realidade, uma janela de oportunidade extraordinária para investir no sucesso de longo prazo nos mercados internacionais. Embora muitas empresas estejam dormindo sobre montes de dinheiro, aquelas que investirem agora, com foco e criatividade, serão as vencedoras nos negócios do futuro nos mercados emergentes.

Também é hora de encarar as operações financeiras internacionais de maneira mais criativa. Muitas empresas estão emitindo ou pensando em emitir novas ações e bônus nos mercados emergentes. Quantos leitores sabem que a Nestlé está listada em bolsas de valores não só da Suíça, mas também da Índia, Malásia, Nigéria, Paquistão, Sri Lanka e Sérvia? Os investidores locais de mercados emergentes estão ansiosos por comprar emissões primárias de ações ou bônus de conhecidas empresas internacionais. Os novos bônus de empresas, na maioria, são denominados em moedas locais, o que é inteligente. É importante que a moeda da dívida seja a mesma da receita. No passado, muitas empresas sofreram grandes prejuízos por terem dívidas em moedas estrangeiras e gerarem receita em moeda nacional. Em casos de desvalorização da moeda interna, essas empresas tiveram dificuldade em pagar as dívidas e se viram obrigadas a suspender ou abandonar as iniciativas de crescimento.

As empresas efetivamente preferem bônus e capital de terceiros a ações e capital próprio. Embora as emissões públicas locais sejam capazes de levantar grandes quantias que podem ser investidas nos mercados emergentes, essas operações também são complexas, uma vez que exigem conselhos de administração locais – e alguns conselhos de administração globais não se sentem à vontade nessas situações.

Em todo caso, as fontes de financiamento para expansão internacional ainda estão ativas e copiosas, ao menos para as empresas muito grandes. Para as empresas de médio porte, os mananciais de recursos já não são tão profusos, questão que examino mais adiante, no Capítulo 7.

NÃO FINANCIE SUA EXPANSÃO NOS PAÍSES APENAS COM LUCROS GERADOS NOS MESMOS PAÍSES

Os maiores erros na expansão de negócios nos últimos 20 anos foram cometidos pelas empresas que dizem a seu pessoal em nível regional ou nacional: "Eu lhe darei mais recursos quando você gerar mais vendas..." Esse tipo de condicionamento quase sempre parte de CEOs que, por um ou outro motivo, têm obsessão pelos resultados trimestrais. Essas empresas não raro ficam para trás em comparação com outras que investem antecipadamente, com persistência, e, então, esperam com paciência vários anos pelos resultados. As empresas que insistem na mesma abordagem de curto prazo estão em vias de perder participação nos mercados emergentes nos anos vindouros. Hoje, a competição é acirrada demais para que esse tipo de abordagem seja bem-sucedido.

É importante recorrer aos recursos da empresa como um todo para financiar a expansão (ou a outras fontes de capital próprio ou de capital de terceiros), uma vez que, de início, a região ou país não gerará recursos suficientes para financiar a própria expansão, da qual resulte um negócio sustentável capaz de superar os concorrentes.

SUSTENTE AS INICIATIVAS DE CRESCIMENTO

Tínhamos um maravilhoso plano de crescimento para a Europa Central e Oriental, Oriente Médio e África (ECOOMA), com o qual minha equipe estava entusiasmada. Para mim, ele parecia realista, com muitos investimentos programados para ampliar e aprofundar nossa presença local e nossa capacidade de execução. Até que a empresa global não cumpriu as metas de lucro trimestral, embora ainda fosse muito lucrativa e continuasse crescendo. Em consequência, quatro de nossas seis iniciativas foram imediatamente adiadas. No entanto, eu ainda devia cumprir as mesmas metas ousadas, que, evidentemente, só seriam factíveis no lado do lucro se eu fizesse grandes cortes de custos, inclusive demitindo algumas pessoas excelentes. Assim, praticamente da noite para o dia, deixamos de ser um negócio movido pelo crescimento para nos tornarmos um negócio movido por cortes de custos. A ironia era que o CEO global ainda falava em agenda de crescimento. Quem, como nós, atuava no campo, sabia que isso era o cúmulo da besteira, que prejudicaria não só aquele ano, como também os próximos. Isso para mim, é exemplo elementar de má liderança empresarial dominada pela miopia do curto prazo.

> Só as empresas que mantêm as iniciativas de crescimento serão capazes de realizar o crescimento sustentável de seus negócios.

Essa história, que me foi contada durante um jantar em Paris, é apenas um exemplo de muitas outras semelhantes que ouvi nos anos recentes. Só as empresas que mantêm as iniciativas de crescimento serão capazes de realizar o crescimento sustentável de seus negócios.

NUNCA, JAMAIS, IGNORE QUALQUER CONCORRENTE – RECONSTRUA A INTELIGÊNCIA COMPETITIVA ATÉ O PONTO DA SUPERIORIDADE

Já expliquei neste capítulo as fontes do enorme aumento das pressões competitivas no presente e no futuro, em todos os mercados emergentes. Porém, muitas empresas ainda se limitam a monitorar seus grandes concorrentes internacionais mais óbvios e apenas esporadicamente observam outros atores, não raro com alguma surpresa. Uma das mais impressionantes estruturas de inteligência competitiva que vi no ano passado foi desenvolvida por uma grande multinacional, com sede nos Estados Unidos, cuja equipe internacional, por meio de seus escritórios locais e com a ajuda dos distribuidores, rastreava todos os concorrentes em cada um dos mercados do mundo. Depois de desenvolverem o banco de dados e o sistema de monitoramento, descobriram, para sua mais absoluta perplexidade, que o número de concorrentes em cada mercado era de 38% a 74% maior (essa era a amplitude, dependendo do mercado) do que haviam previsto de início.

Em cada mercado, eles têm um diretor de inteligência competitiva interna, que monitora tudo a respeito de cada concorrente: o lançamento e o posicionamento de cada novo produto, novas promoções de preços, quaisquer mudanças estruturais, movimentações de pessoal-chave, novas campanhas publicitárias, entradas de novos concorrentes e assim por diante.

> Supúnhamos conhecer bem a concorrência, mas esse exercício demonstrou que a compreendíamos muito pouco. Agora, finalmente, sabemos quem está comendo, ou tentando comer, nossas posições de mercado em cada categoria de produto. Antes de investirmos nesse sistema, estávamos apenas adivinhando, pois recorríamos a organizações locais para estimar as fatias do mercado, e nossa resposta executiva era igualmente imprecisa. Agora, somos muito mais inteligentes em termos de nossas novas estratégias de produtos, atividades promocionais e posicionamento. O melhor sobre tudo isso é o entusiasmo com que o sistema é aceito por nosso CEO, além de ser crucial para o desenvolvimento de novos produtos.

(Mais adiante, encontram-se outras análises sobre como as empresas devem cultivar a excelência em marketing – questão importante hoje.)

VELOCIDADE E URGÊNCIA DEVEM SER PARTE DA ABORDAGEM DE MERCADOS EMERGENTES

Muitos gestores em nível nacional ou regional se queixam de como suas empresas se movimentam com lentidão. Eles observam outras empresas e concorrentes avançando à velocidade da luz em muitos mercados, enquanto "parecemos estar dormindo no volante", nas palavras de um de meus clientes tradicionais. Embora muitas sejam as lamentações, talvez a queixa crucial diga respeito à falta de desenvolvimento de produtos que atendam às necessidades de mercado de um país específico. Outras queixas incluem a falta de compreensão dos altos salários pagos ao pessoal local (em consequência da pouca oferta e da enorme demanda), e a incapacidade de mobilizar recursos, com rapidez, para as áreas de alto crescimento.

As empresas que não incutirem o ânimo de velocidade e urgência, de alto a baixo, no DNA empresarial de sua organização de vendas terão enorme dificuldade em conquistar participação no mercado e em crescer de maneira sustentável nos mercados emergentes.

ESQUEÇA A ADMINISTRAÇÃO PONTE AÉREA E AUMENTE O CONTROLE LOCAL DO NEGÓCIO

Em fins de 2011, eu estava sentado na sede da região Europa, Oriente Médio e África (EOMA) de uma das maiores empresas de tecnologia de informação do mundo. O objetivo da reunião era ver como a empresa poderia crescer com mais rapidez na Europa Central e Oriental. O crescimento já era razoável, apesar das dificuldades econômicas da época, mas eles queriam acelerá-lo ainda mais.

Ao analisarmos com mais profundidade a estrutura e a abordagem, fiquei atônito ao descobrir que uma empresa daquele tamanho tinha escritórios locais em apenas sete de 28 mercados na região. Vinte e um mercados eram dirigidos por apenas uma pessoa, sentada na sede europeia, que, com a equipe, tinha a incumbência de coordenar a distância uma rede enorme de parceiros e distribuidores locais. A empresa conquistava participação ou matinha posições estáveis nos 7 mercados com presença local, mas recuava naqueles 21 mercados dirigidos por executivos "ponte aérea" (que, a propósito, pareciam mais exaustos que qualquer pessoa que eu tinha visto havia anos). O controle do negócio era mínimo; o conhecimento dos consumidores e dos clientes locais era pobre; terceiros cuidavam dos relacionamentos com os principais clientes; o marketing era distante e não conectado com as necessidades locais; os distribuidores às vezes se concentravam no negócio, às vezes não; os preços eram inconsistentes; e a consciência/compreensão/lealdade em relação ao produto era baixa, mormente quando se tratava do lançamento de novos produtos.

Essa abordagem distante do negócio em certas regiões ainda aflige número surpreendente de grandes empresas. Pelo menos duas são as causas dessa situação: primeiro, os diretores regionais não conseguem convencer os diretores globais com mentalidade de curto prazo de fazer investimentos; e, segundo, muitas empresas se saíam relativamente bem até recentemente com essa abordagem e tinham dificuldade em acreditar que o jogo havia mudado tanto. Como já argumentei, a velocidade da mudança na competição é tanta que a administração "ponte aérea" já não funciona bem. Ela nunca foi a abordagem certa para a sustentabilidade. No futuro, à medida que a competição se intensifica cada vez mais, insistir nessa abordagem ultrapassada levará rapidamente a grandes perdas na fatia de mercado e redundará na completa incapacidade de crescer nessas áreas geográficas. Quanto mais cedo as empresas reconhecerem a necessidade urgente de serem mais locais, em tantos países quanto possível, melhores serão suas perspectivas no futuro.

FECHE PROATIVAMENTE AS LACUNAS DE MERCADO E SE CONCENTRE NOS PAÍSES MENORES

Depois de ter visitado mais de 90 países em todo o mundo e de ter conversado com numerosos executivos ao longo de anos, cheguei à conclusão de que é bom o potencial de negócios em qualquer lugar, inclusive em alguns países realmente pequenos e pobres. Um de meus clientes conseguiu recentemente um acordo de US$40 milhões para vender equipamentos em Serra Leoa, superando em tamanho qualquer negócio que tinha fechado na Rússia no mesmo ano (apesar de todo o esforço despendido na Rússia). Outra empresa de TI hoje ganha mais dinheiro na Georgia que na Turquia, por enfrentar menos competição na Georgia. Um banco europeu que conheço gera consistentemente mais lucro na Albânia que na República Checa. E assim por diante.

Essas empresas esperavam mais da Rússia, da Turquia e da República Checa e investiam mais nesses países que em Serra Leoa, Georgia ou Albânia, mas uma das grandes vantagens de manter o mesmo foco nos países menores é o de neles se enfrentar muito menos competição. Depois de se estabelecerem bons relacionamentos pessoais com clientes e governos importantes, torna-se muito difícil para os concorrentes superar as barreiras de entrada. E a relativa falta de competição também significa que muitas empresas conseguem cobrar preços mais altos em alguns mercados menores que nos maiores. Basta perguntar aos varejistas sul-africanos quais são suas margens em alguns dos pequenos mercados subsaarianos. Depois indague aos varejistas alemães ou franceses quais são suas margens em casa.

UM HOMEM E SEU CÃO

Para tirar proveito do potencial dos mercados menores (e se posicionar para melhor explorar seu tamanho e sua capacidade de crescimento no futuro), as empresas devem não só contratar distribuidores, mas também abrir, de início, pequenos escritórios de vendas e de marketing, tanto para fortalecer o relacionamento com o governo local e com os clientes quanto para facilitar o entrosamento mais estreito com os distribuidores e os consumidores. Como já argumentei neste livro, nada substitui alguma presença física local. Como os conselhos de administração globais tendem a relutar na aprovação da abertura de novos escritórios na Albânia ou em Serra Leoa, estimulo meus clientes a vender essa ideia, internamente, como uma abordagem do tipo "um homem e seu cão", algo que realmente não custa muito, mas cujos benefícios são tremendos, sobretudo no médio e no longo prazo.

Pelo menos três coisas geralmente acontecem quando as empresas abrem esses pequenos escritórios, com literalmente uma pessoa em campo.

- Primeiro, a pessoa descobre que há muito mais negócios na área do que até então lhe diziam os distribuidores (lembre-se de que os distribuidores sempre dividem a atenção com numerosas outras coisas e ainda têm os próprios interesses).
- Segundo, o negócio melhora com muita rapidez quando alguém se envolve nas iniciativas de marketing e vendas, inclusive contribuindo para melhorar o estilo de atuação do distribuidor.
- Terceiro, muito em breve as empresas se darão conta de que uma pessoa em campo não é suficiente e que se precisa de mais recursos para marketing e vendas. As empresas que agem assim com autenticidade desenvolvem negócios muito mais sustentáveis nesses mercados do que se continuassem a trabalhar a distância.

Meu conselho é que as empresas abandonem o "livro de regras" global, que, em geral, define a partir de que volume de vendas determinado mercado se qualifica para ter um escritório local. Um de meus clientes mais tradicionais resumiu bem essa visão empresarial:

> Sempre que tentei abrir novos escritórios em alguns países pequenos da América Central, a resposta da sede sempre foi a de que, pelas regras da empresa, a área não se qualificava, porque as vendas ainda eram baixas demais. Estávamos atolados na situação clássica do ovo e da galinha. Essa era uma das muitas regras globais que, havia muito tempo, ninguém ousava questionar. Mas eu não era o único gerente regional frustrado. Como eu e meus colegas encarregados de África, Oriente Médio, América Latina e Ásia estávamos todos convencidos de que precisávamos promover maior sustentabilidade em todos os mercados de todo o mundo, preparamos uma apresentação conjunta para o CEO, sugerindo que revogássemos a norma e insistindo em que tomássemos essa iniciativa relativamente pouco dispendiosa. Afinal, trabalhávamos para uma empresa que gastava por ano um ou dois bilhões com aquisições, mas que relutava em investir

dezenas de milhões com 50 ou 60 pequenos escritórios de marketing e vendas. Acabamos convencendo o CEO e agora estamos em fase de implementar nossa pequena presença local, por meio de escritórios de representação, em 12 países, este ano, e em 28, no ano que vem.

O DESENVOLVIMENTO DE RELACIONAMENTOS É FUNDAMENTAL

Qualquer pessoa experiente em negócios lhe dirá como os relacionamentos são fundamentais nos mercados emergentes. (Por isso é que tantas de minhas recomendações até agora são sobre o desenvolvimento de bons relacionamentos.) Apenas as empresas cujos gestores constroem bons relacionamentos com os clientes, com os governos e com outras partes interessadas são capazes de manter negócios sustentáveis de longo prazo nos mercados emergentes. E isso não é possível sem presença local muito profunda para o exercício das funções de negócios que exigem conversas face a face.

Muitas empresas com as quais trabalho se dão conta de que em numerosos mercados os distribuidores é que promovem seus relacionamentos mais importantes. O risco dessa situação é o de, inesperadamente, esses entrosamentos se romperem e a empresa, de uma hora para a outra, se ver isolada dos clientes-chave, pelo menos durante algum tempo. O ideal é que os gestores nacionais e seus principais prepostos construam e fomentem os relacionamentos com os clientes. Lembre-se de que os relacionamentos pessoais em geral precedem os relacionamentos de negócios em muitos mercados emergentes. E é importante dispor de muitos recursos para fomentar os relacionamentos, mesmo com compradores que hoje não estejam comprando nada. Não procure os clientes apenas quando quiser vender-lhes algo...

Não há como exagerar a importância para as empresas de tratar a construção de relacionamentos como prioridade contínua e de ter a certeza de investir o suficiente para que isso aconteça. Não importa que para tanto seja necessário contratar mais pessoas para o relacionamento com o governo em certos mercados ou abrir novos escritórios em outras áreas geográficas, tudo deve contribuir para o mesmo objetivo de promover a sustentabilidade duradoura do negócio. Não subestime o custo da construção de relacionamentos.

É importante desenvolver relacionamentos com os governos e com outras pessoas importantes, mesmo que não se tenha interesse por transações com o setor público, pois os negócios podem ser tão difíceis que, em geral, se precisa de "amigos" nos lugares certos para superar dificuldades operacionais rotineiras.

USE SUAS FORÇAS PARA COMPETIR COM AS MULTINACIONAIS DE MERCADOS EMERGENTES

Embora novas empresas de rincões inesperados do mundo sejam fontes de competição cada vez mais acirrada e contínua, é importante que as multinacionais não desperdicem, nos próximos anos, os trunfos de que hoje desfrutam em relação a esses concorrentes. E os grandes atores globais desfrutam de muitas vantagens importantes, como maiores reservas de caixa, marcas tipicamente mais vigorosas, expertise mais apurada em marketing e vendas, além de líderes e gestores mais bem treinados. Porém, todas essas vantagens irão por água abaixo se as empresas não as mobilizarem de maneira proativa e urgente.

Muitas empresas hoje dispõem de volumes de caixa sem precedentes, mas a maioria nada mais faz que sentar-se em cima dessa pilha de dinheiro, em vez de destinar parte desses recursos a mercados em crescimento, que deles poderá fazer bom proveito. Além disso, numerosas empresas têm marcas maravilhosas, mas não estão fazendo o suficiente para convertê-las em líderes de mercado em todas as regiões geográficas. E não poucas empresas também contam com excelente expertise em marketing e vendas, mas ainda deixam muitas de suas áreas geográficas por conta de parceiros e distribuidores locais. A competição global está ficando tão intensa que, se as multinacionais não explorarem imediatamente, de maneira proativa, as vantagens de que hoje desfrutam, elas logo as perderão, à medida que os novos concorrentes ficarem mais fortes e maiores.

SE VOCÊ FOR UMA MULTINACIONAL DE MERCADO EMERGENTE QUE ESTIVER LENDO ESTA PÁGINA, EXPLORE AS FRAQUEZAS DOS GRANDES ATORES GLOBAIS

Muitos executivos regionais e nacionais que trabalham para grandes atores globais se mostram bastante receosos de que suas empresas estejam avançando com muita lentidão, não investindo antecipadamente o suficiente em mercados emergentes e de fato não atendendo às necessidades desses novos consumidores. Alguns deles se referem às suas empresas como "tanques" que não conseguem manobrar com bastante rapidez. Outros as chamam de "hospícios de burocratas imediatistas", nos quais a politicagem interna e os lucros trimestrais são mais importantes que os clientes internacionais. "Nosso CEO trata os mercados emergentes como meras vacas de dinheiro – alardeie a sustentabilidade, mas ordenhe o máximo de dinheiro", queixa-se um diretor regional de uma grande multinacional dos Estados Unidos.

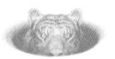

Portanto, as multinacionais de mercados emergentes sem dúvida têm oportunidades em relação aos atores globais imediatistas, que demoram a reconhecer as necessidades internas dos mercados em todo o mundo e são lentos demais na construção de negócios sustentáveis. Em alguns lugares, as lacunas deixadas pelos grandes atores globais são substanciais. Essas lacunas podem ser geográficas, estruturais (insuficiência de presença ou foco local), referentes a produtos (portfólio de produtos muito estreito para atender aos vários segmentos do mercado), ou de marketing, pelo excesso de distância.

ACELERE A TROCA DE CONHECIMENTOS DENTRO DA EMPRESA

Numerosas empresas estão institucionalizando com rapidez a troca de conhecimentos dentro da organização. À medida que novas ideias circulam entre numerosos mercados (com o objetivo de acelerar o crescimento das vendas e de conquistar participação no mercado), as empresas se empenham em garantir que as ideias cujos resultados foram bons na Argentina ou na Indonésia, por exemplo, sejam conhecidas com rapidez em todo o mundo. Quando a competição global não era tão complexa quanto hoje, bastava que as equipes regionais se reunissem uma ou duas vezes por ano e trocassem experiências sobre as iniciativas eficazes e ineficazes. Decerto isso já não é suficiente hoje. Recomendo a meus clientes que criem pequenos centros de conhecimento interno na sede, com a incumbência de manter contato regular com os diretores regionais e nacionais, a fim de coletar e registrar boas ideias, melhores práticas e iniciativas internas, a serem difundidas em todo o mundo. Nos vários retiros anuais ou semestrais da empresa, deve-se dedicar mais tempo a boas discussões sobre estudos de casos de diferentes regiões. Eis o que diz a esse respeito um diretor regional de uma grande multinacional europeia:

> Hoje, a vida é mais complicada que em qualquer outra época e, para prosperar, é preciso trabalhar com muito mais afinco que antes. O mais curioso é que algumas das melhores ideias de marketing que difundimos recentemente em todo o mundo foram lançadas por nossos escritórios na África do Sul e na Ucrânia. No entanto, quando se reflete a esse respeito, a situação não parece tão surpreendente. Nesses países, é preciso inventar constantemente novas coisas, como condição de sobrevivência. Eles pensam de maneira diferente e, felizmente, temos um sistema capaz de identificar, com rapidez, ideias inéditas, sobre as quais ninguém pensou antes.

Muitas empresas estão construindo bancos de dados de melhores práticas testadas e comprovadas, com base na observação do que os concorrentes e os não concorrentes estão fazendo. E as divulgam proativamente para equipes em todo o mundo, quando se desenvolve algo novo e vibrante. Os líderes globais devem ser os principais usuários desses bancos de dados de melhores práticas. Muitos deles me disseram nos últimos anos que, em consequência de todas as pressões, não raro se sentem desligados, ao menos em parte, das tendências dos mercados emergentes, e que esses bancos de dados são boa maneira de se manter em contato com os novos rumos e melhores práticas.

APRENDA COM OUTRAS EMPRESAS

Número crescente de empresas sente que apenas colher novos conhecimentos internos já não é suficiente para manter-se à frente no jogo da competição. Além das melhorias já mencionadas na inteligência competitiva, as empresas devem participar de todos os eventos em que possam descobrir o que outras empresas estão fazendo, seja em convenções ou congressos abertos, seja em reuniões de negócios mais fechadas, envolvendo pares (o maior grupo de pares do mundo, abrangendo diretores regionais de Europa Central e Oriental, Oriente Médio e África é o CEEMEA Business Group, por exemplo; procure o autor, caso você queira entrar no grupo).

INTENSIFIQUE O MONITORAMENTO DO MERCADO PARA PREVER AS MUDANÇAS E PARA PRIORIZAR A ALOCAÇÃO DE RECURSOS

À medida que a economia global muda diariamente e impacta os mercados em todo o mundo com maior velocidade que em qualquer outra época, é crucial melhorar o sistema para o monitoramento regular dos mercados. Apesar da estabilidade básica da maioria dos mercados emergentes (ver o capítulo anterior), as moedas podem flutuar e o crescimento pode ser desuniforme por motivos não raro fora do controle mesmo de economias emergentes bem dirigidas.

Todo o exercício de monitoramento do mercado deve ter pelo menos dois objetivos. Primeiro, determinar que áreas tendem a ser mercados em crescimento nos próximos anos, investigar as causas dessa tendência e, então, alocar recursos para o desenvolvimento de negócios nessas regiões. É importante que o exercício de "entrar mais fundo nos mercados emergentes" seja executado na totalidade e em sequência, começando com os mercados mais promissores. Segundo, identificar os riscos econômicos externos, capazes de descarrilar planos de negócios sólidos sob outros aspectos. Os executivos que alertam antecipadamente seus superiores sobre riscos prováveis em geral são os mais aptos a proteger suas carreiras.

OS PLANOS E OPERAÇÕES DE CONTINGÊNCIA SÃO ESSENCIAIS

Qualquer pessoa com experiência significativa em mercados emergentes já deparou com acontecimentos econômicos ou políticos inesperados (ou que não foram previstos de maneira adequada). Eventos repentinos, como desvalorizações cambiais ou mudanças políticas súbitas, podem exercer grande impacto sobre os planos e orçamentos da empresa. É por isso que as empresas devem fomentar uma cultura de planejamento contingente nesses mercados, onde o monitoramento sugere a existência de riscos consideráveis.

A maioria das empresas com que trabalho hoje dispõe de um plano B pelo menos para seus mercados importantes. Esses planos podem incluir a identificação dos custos a serem cortados com rapidez para proteger a lucratividade, na hipótese de grande desvalorização cambial, ou que medidas implementar para conquistar mercado quando todos os concorrentes estão em pânico. Em todo caso, os planos B também são ferramentas úteis de proteção da carreira, pois, no mínimo, têm condições de preservar as metas de participação no mercado ou os objetivos de lucratividade, nos períodos em que o crescimento da receita cai abaixo das previsões. Recomendo a todos os meus clientes que institucionalizem o planejamento de contingência no nível de país, uma vez que a volatilidade econômica continuará alta nos próximos anos (ver minha descrição de alguns dos principais riscos econômicos e das razões por que a economia global se manterá instável, no último capítulo de meu novo manual executivo *Global Economy*).

Também recomendo que as empresas se certifiquem de que realmente são capazes de implementar seus planos de contingência. Já é um grande passo elaborar um plano B no papel, mas o diabo é a implementação. Um dos diretores regionais de uma grande empresa de TI afirma:

> Quando começaram as revoluções da Primavera Árabe no Oriente Médio, em princípios de 2011, enfrentamos grandes problemas de vendas em mercados como Egito e Tunísia. Mas, como tínhamos profundas raízes locais e cultivávamos vínculos pessoais extremamente bons com nossos distribuidores e parceiros locais, consegui que nossos clientes na Arábia Saudita e na Turquia comprassem mais de nossa empresa que o previsto de início. Embora, a princípio, não tivessem gostado muito da ideia, eles me atenderam, apenas por me considerarem um velho amigo que precisava de ajuda. Assim, aumentamos nossas vendas na Arábia Saudita e na Turquia e compensamos o que perdemos no Egito e na Tunísia. Dessa maneira, cumpri as metas de 2011.

Esse caso é apenas um dentre muitos a confirmar que os planos de contingência são muito mais fáceis de executar quando as empresas estão bem estabelecidas no local e mantêm fortes relacionamentos pessoais com as principais partes interessadas. No fim das contas. A presença local arraigada é fundamental não só para construir um negócio sustentável, mas também para enfrentar as recessões (e não faltarão recessões temporárias no futuro!)

A PARTICIPAÇÃO NO MERCADO É INDICADOR-CHAVE DE DESEMPENHO

A maioria das empresas com que trabalho elevou recentemente a fatia de mercado, como indicador-chave de desempenho, à condição de importante critério de avaliação dos gestores nacionais e regionais em todos os mercados emergentes. Isso faz sentido. Embora a receita sustentável e o crescimento do lucro sejam, evidentemente, objetivos derradeiros de médio e de longo prazos, muitos executivos têm consciência aguda de que a demanda pode ser volátil no curto prazo por várias razões.

E quando os mercados são atingidos por crises econômicas, as empresas que fomentam e ampliam suas fatias de mercado em épocas difíceis geralmente têm mais facilidade em aumentar as vendas e o lucro tão logo os mercados retornem aos bons tempos. Dispõe-se de evidências históricas suficientes para sugerir que as empresas detentoras de fatias de mercado mais robustas têm mais facilidade em alimentar o crescimento do lucro no futuro, são capazes de impor preços, conseguem livrar-se de concorrentes com fatias de mercado menores, por meio de guerras de preços temporárias, e, evidentemente, enfrentam menos dificuldades para reter e motivar os empregados, que se sentem orgulhosos de trabalhar numa empresa vencedora.

Outra razão estratégica para se concentrar na conquista de fatias de mercado cada vez mais amplas tem a ver com algo que já discutimos no começo deste capítulo, ou seja, uma das principais medidas para superar os concorrentes de maneira consistente e prolongada é aumentar a participação no mercado. Portanto, a ampliação da fatia de mercado é importante em termos estratégicos e operacionais, no curto prazo e no longo prazo, e em todas as partes da pirâmide de segmentação (mais sobre isso no próximo capítulo).

CONSIDERE AS AQUISIÇÕES UMA MANEIRA DE CRESCER

A construção de estruturas de negócios sustentáveis para o crescimento orgânico é parte essencial do sucesso futuro nos mercados emergentes; porém, as aquisições devem ser parte do mix de crescimento. Às vezes, é difícil promover o crescimento orgânico em certas áreas geográficas, no atual contexto de volatilidade econômica e de competição acirrada. Além disso, o crescimento orgânico não raro é insuficiente para cumprir as metas de crescimento total muito ambiciosas de algumas empresas. Portanto, as aquisições podem ser boa solução como meio de turbinar o crescimento. Para atingir objetivos de crescimento muito ousados, cada vez mais empresas internacionais estão constituindo equipes que, *proativamente*, buscam alvos de aquisições em todo o mundo.

Porém, as empresas devem empenhar-se para não acabar entre aquelas que não cumprem suas metas de aquisições e até enfrentam dificuldades depois de concluir uma dessas operações. Observei ao longo dos anos que nas aquisições em mercados emergentes os fracassos são mais comuns que as vitórias. E, em geral, as causas mais frequentes do insucesso nas aquisições são (a) due diligence mal compreendida e executada e (b) reestruturação/integração pós-aquisição mal compreendida e executada.

A taxa de fracasso das aquisições é, efetivamente, mais alta nos mercados emergentes que no mundo desenvolvido, principalmente porque, às vezes, é muito difícil assumir premissas sobre os fluxos de lucro futuros e compreender integralmente as metas. O número de coisas que podem dar errado durante o processo de due diligence é assustador. Examino esses itens mais adiante, no capítulo sobre aquisições.

SEJA EXTREMAMENTE CUIDADOSO COM AS REDUÇÕES DE CUSTOS NOS MERCADOS EM CRESCIMENTO

Quando os mercados desenvolvidos enfrentam dificuldades, muitas empresas, de alguma maneira, entram em modo de redução de custos. Infelizmente, as consequências, quase sempre, também afetam mercados que, nitidamente, estão em fase de crescimento, em termos de PIB, de vendas e, mais importante, de potencial. Evidentemente, compreende-se que alguns CEOs – sob pressões intensas para aumentar as vendas e o lucro e para atender a outros anseios dos acionistas, na matriz – decidem cortar custos em âmbito mundial. Às vezes, as pressões são tais que as preocupações de curto prazo se tornam preponderantes.

Sempre recomendo cautela quando se trata de cortar custos em mercados emergentes. Primeiro, quase todas as empresas relatam que ainda carecem de investimentos na maioria dos mercados e que, se dispusessem de mais recursos, provavelmente cresceriam mais. Segundo, as empresas precisam ter cuidado para que os cortes de custos não afetem as funções face a face, os relacionamentos, as fatias de mercado e as iniciativas de crescimento. Terceiro, seja sensível a quaisquer saídas de mercados – os clientes locais se lembram das empresas que entram e saem, razão por que a reconstrução de relacionamentos e a retomada de fatias de mercado podem ser dolorosas e demoradas. Também podem ser extremamente dispendiosas e, na pior das hipóteses, totalmente impossíveis – em outras palavras, a perda de posição no mercado tende a ser definitiva, na medida em que os concorrentes preenchem os vazios.

E, finalmente, com o passar do tempo, já ficou claro que as empresas que exageram na redução de custos em suas operações de mercados emergentes acabam sem os recursos necessários para investir em novas fontes de crescimento das vendas. Desnecessário dizer que isso é um desastre para qualquer empresa que esteja pensando em desenvolver um modelo de negócios sustentável.

EVITE JOINT-VENTURES, SE POSSÍVEL; OU AS ESTRUTURE DE MANEIRA A PROTEGER SEU FUTURO

É difícil generalizar e muitas empresas conduzem joint-ventures bem-sucedidas em mercados emergentes. Porém, quase sempre, esses empreendimentos conjuntos são fracassos retumbantes, entram em processo de liquidação demorado e dispendioso (enquanto a empresa perde participação no mercado) e acabam sendo convertidos pelas multinacionais em subsidiárias integrais ou majoritárias. Não é fácil dirigir joint-ventures, mesmo no mercado interno ou em outros bem conhecidos pelas multinacionais. E a dificuldade é ainda maior em mercados emergentes complexos, culturalmente diferentes.

O número de coisas que podem dar errado é infinito. As empresas não raro enfrentam problemas referentes a estratégicas sobre o futuro, desacordos financeiros, discrepâncias culturais e falta de confiança. Nos piores casos, os parceiros locais constituem negócios paralelos, para os quais desviam receitas da joint-venture.

Muitas empresas recorrem a joint-ventures como forma de desbravar ou de expandir mercados. Nesses casos, quase sempre a principal consideração é o baixo custo dessa alternativa. Porém, estou convencido de que entrar em mercados emergentes da maneira mais barata já não é boa solução para promover o sucesso do negócio. As pressões competitivas já são tão intensas, tendendo a agravar-se ainda mais no futuro, que apenas empresas profundamente entrincheiradas nos mercados locais, com forte controle sobre o negócio (vendas e marketing, no mínimo), serão capazes de ampliar sua participação.

Evidentemente, é compreensível que certas legislações exijam a criação de joint-ventures. Há setores e áreas – por exemplo, na China, na Índia e em alguns mercados do Golfo – em que a formação de joint-ventures é obrigatória ou altamente recomendada. Nesses casos, não há escolha, a não ser constituir o empreendimento conjunto e adotar as melhores práticas em sua administração. Ou certificar-se de que os instrumentos de constituição (se permitido por lei) admitem a tomada de controle, ou ao menos a saída, por uma das partes, sem muita dor.

Caso não haja exigência legal de formação de joint-ventures, as empresas devem perguntar-se o seguinte, antes de enfrentarem possíveis pesadelos na associação com parceiros locais: O que um parceiro local pode oferecer-nos, que não conseguiríamos sozinhos? Se a decisão for a de formar a joint-venture, é útil prever expressamente, na medida do possível, cláusulas de saída eficazes ou ao menos de opção de compra da participação do parceiro, em condições predeterminadas. Muitos são os exemplos de empresas que entraram em joint-ventures com esse tipo de opção de compra. Primeiro, usam a joint-venture para avaliar o mercado e organizar o negócio. Depois, quando chega a hora da expansão (e o parceiro local não tem condições de entrar com a sua cota), partem para a tomada de controle. Essa é uma boa solução, mas negociar a cláusula de opção de compra nem sempre é fácil.

PENSE EM ACELERAR AS MUDANÇAS

Se nossas vendas nos mercados emergentes são de 100, como intensificar o esforço para alcançar 200 ou mesmo 300 em três ou quatro anos? De que recursos precisamos para promover esse tipo de crescimento? Devemos substituir alguns dos "pesos mortos" internos, que bloqueiam as iniciativas de crescimento em proveito do próprio conforto ou apenas por complacência? Será que temos de substituir alguns de nossos distribuidores que parecem estar "dormindo ao volante"? Quanto mais precisamos investir em pessoal ou em marketing e vendas para promover o crescimento acelerado?

Essas são as perguntas que muitas empresas estão fazendo a si mesmas hoje. Esse questionamento é importante porque, depois de concluírem a análise em profundidade dos países, do potencial do negócio e das oportunidades perdidas, as empresas sempre concluem que o espaço para crescimento é superior ao previsto pela sabedoria convencional. Todo o processo consiste em desafiar a tradição e energizar as equipes em todo o mundo para pensar criativamente sobre como intensificar o impulso para o crescimento.

"Acelerar a mudança" é esforço meritório, mas que, em geral, é mal executado. Em exemplo recente, uma das empresas de bens de consumo que conheço muito bem empreendeu exercícios de "aceleração" da mudança. Porém, quando chegou a hora da implementação, substituíram alguns distribuidores, trocaram uns poucos executivos (sem efetivamente tentar engajá-los e, ao perdê-los, também perderam importantes relacionamentos e experiências), e, então, se esqueceram do crucial – todo esforço de aceleração em mercados emergentes deve ser acompanhado de aumento equivalente em investimentos prévios na infraestrutura e no pessoal local, assim como, evidentemente, em vendas, marketing e construção da marca.

Ironicamente, em geral, as empresas concluem que os novos distribuidores ou executivos não são melhores que os anteriores. (Não raro, são até piores.) Às vezes, a solução não é substituir distribuidores e executivos, mas, sim, descobrir maneiras de trabalhar com eles (mais sobre isso nos capítulos adiante, sobre excelência em marketing e em recursos humanos).

EVITE FAZER COISAS QUE POSSAM PREJUDICAR O NEGÓCIO NO LONGO PRAZO

Considere os seguintes pontos:

- Você apoiou os distribuidores em períodos difíceis?
- Depois de uma desvalorização cambial, para preservar a lucratividade no curto prazo, você aumentou os preços a ponto de perder participação no mercado?

- Você parou de gastar em marketing e em promoção, em períodos de dificuldade, embora, como demonstra a história, as empresas que investem mais que os concorrentes durante as crises sempre ganham no longo prazo?
- Você cortou custos com tanta intensidade em alguns mercados que perdeu participação e relacionamentos?

RECONHEÇA QUE DIFERENTES MERCADOS ÀS VEZES EXIGEM DIFERENTES MÉTODOS DE CONSTRUÇÃO DE NEGÓCIOS

As empresas devem abandonar, deliberadamente, a estratégia tamanho único para mercados emergentes ou para regiões amplas, como Oriente Médio, África ou América Latina. O "diabo" da estratégia atua nos detalhes dos países, e as empresas que erram a mão sob esse aspecto terão dificuldade em competir no futuro.

RECONHEÇA QUE DIFERENTES MERCADOS ÀS VEZES EXIGEM DIFERENTES HORIZONTES TEMPORAIS PARA O SUCESSO

Qualquer pessoa que tenha tido a chance de visitar a negócios enorme variedade de países sabe que o tempo não é percebido da mesma maneira em todos os lugares. Às vezes as coisas se movimentam com tamanha lentidão em alguns países que chega a ser um choque cultural para quem está acostumado a ritmo mais acelerado. A verdade é que a maioria das empresas geralmente subestima o quanto demorarão para trabalhar em certos países. E, se o tempo for subestimado, os custos também o serão. E, em consequência, como os custos são mais altos que o esperado, algumas empresas ficam desanimadas em relação às iniciativas de crescimento e aos investimentos prévios.

Daí a enorme importância de considerar que os prazos para fazer certas coisas (mesmo tarefas administrativas triviais) geralmente excedem em muito os dos países desenvolvidos. Os diretores regionais e nacionais geralmente têm muita consciência dessa realidade, mas o importante é ter certeza de que as pessoas na sede global também a compreendam, antes de partir para iniciativas de crescimento específicas. Em virtude dessa diferença de percepção, os atrasos, às vezes, são tão grandes que se passa a questionar, injustamente, a competência dos diretores nacionais.

Alternativamente, o engraçado é que, outras vezes, as coisas acontecem com mais rapidez que no mundo desenvolvido. Um de meus maiores clientes me contou a seguinte história:

> Estávamos em vias de abrir uma nova unidade de fabricação na China e encontramos uma boa área de terras. Chamamos um empreendedor imobiliário local para começar a conversar sobre o projeto. Eram 8 horas. Depois de ouvir uma breve exposição de nossas intenções, ele telefonou para alguém e, uma hora depois, entrou no recinto um novo personagem, que nos foi apresentado como arquiteto. Eles conversaram rapidamente, enquanto o "arquiteto" preparava esboços e desenhos. Depois de 20 minutos, o arquiteto deu alguns telefonemas e uma hora mais tarde havia seis equipamentos de movimentação de terra na área, que logo iniciaram as escavações. Então, o empreendedor imobiliário disse que o prédio estaria terminado em menos de uma semana. Nada de licenças, nada de burocracia. Absolutamente nada. Foi quando tivemos de dizer-lhe para parar imediatamente, porque queríamos fazer tudo da maneira certa. Ele ainda insistiu em que poderíamos conseguir a papelada depois e que não havia motivos para preocupação. Não prosseguimos com o plano, mas, depois que a papelada ficou pronta – o que foi rápido –, tocamos a nova fábrica em prazo recorde, em comparação com qualquer padrão global.

NÃO MICROGERENCIE DE LONGE

"Conversei com meu chefe pelo telefone durante 25 minutos, explicando por que dois de meus melhores vendedores queriam aumento salarial acima da média. E sou responsável por um dos mercados emergentes em mais rápido crescimento de todo o mundo", queixou-se um executivo incumbido do mercado da Turquia. Outro lamentou: "A lista de coisas para as quais tenho de pedir aprovação prévia é infindável. Nominalmente, sou responsável por este aglomerado sub-regional, mas, na realidade, ele é dirigido por controladores maníacos e por contadores de feijões de nossa sede de Europa, Oriente Médio e África (EOMA)." Essas são as queixas típicas que ouço nas interações com executivos em nível regional ou nacional. Terry Leahy, ex-CEO da Tesco, um dia disse: "Agora percebemos que o microgerenciamento a distância não funciona."

Para o sucesso duradouro nos mercados emergentes, as empresas devem incutir nos diretores nacionais e regionais o senso de propriedade do negócio, no território pelo qual são responsáveis. Obviamente, não se quer criar feudos nacionais e se pretende preservar a identidade da empresa, a prestação de contas por meio de indicadores-chave de desempenho e a integridade, mas é importante permitir que os diretores locais tomem conta do negócio na área.

TRANSFIRA FABRICAÇÃO E P&D PARA LOCALIDADES MAIS BARATAS

Para ser bem-sucedido no enfrentamento das pressões competitivas crescentes, é fundamental que as empresas examinem com muito cuidado toda a equação de custo, quando se trata de desenvolvimento e de fabricação de produtos. Esse aspecto será ainda mais importante no próximo decênio que no anterior. A vasta maioria das empresas multinacionais com que trabalho já transferiu as atividades de fabricação para fora dos mercados domésticos (e pretende intensificar ainda mais esse deslocamento), e as que ainda não o fizeram pretendem fazê-lo.

Várias são as conclusões a serem extraídas dos sucessos e fracassos das empresas no passado.

- Primeiro, as empresas descobriram que se estabelecer em novas áreas industriais tende a ser mais fácil que adquirir unidades de fabricação existentes ou formar joint-ventures. Em outras palavras, as empresas devem ser cuidadosas ao decidirem pelas alternativas de aquisição ou joint-venture.

- Segundo, não se apresse ao escolher o país certo e a localidade certa dentro do país. Detenha-se em examinar a infraestrutura, as experiências de outras empresas, a disponibilidade de fornecedores, a existência de acordos de livre comércio, os custos e a oferta de pessoal, a capacidade de operar 7 dias por semana, 24 horas por dia, a frequência de greves, a legislação trabalhista, a disponibilidade e os preços de terras e instalações etc.
- Terceiro, pesquise amplamente a carga tributária e os incentivos fiscais, cotejando alternativas, antes de escolher o país e a localidade dentro do país. Verifique a disponibilidade e a praticidade de quaisquer zonas econômicas especiais.
- Quarto, não ignore os riscos políticos. Geralmente, não me preocupo muito com os riscos políticos quando se trata de desenvolver vendas, mas quando se pretende investir US$50 milhões, US$100 milhões ou US$200 milhões numa unidade de fabricação, é melhor fazê-lo onde o perigo de conflagrações ou intervenções políticas é quase inexistente. (Evidentemente, quando se usa a unidade de fabricação para abastecer o país em questão e o país é enorme, como Nigéria ou China, é preciso assumir o risco.)
- Quinto, considere a terceirização da fabricação, mas tome cuidado para não ser vítima de um desastre de relações públicas, se algum jornalista investigativo descobrir que seus produtos estão sendo feitos por crianças ou servos que não podem ir ao banheiro. Certifique-se de monitorar e de controlar as unidades de fabricação terceirizadas (não se limitando a visitá-las esporadicamente, mas colocando supervisores de sua confiança nas fábricas).
- Sexto, não deixe de explorar velhos prédios industriais, como fábricas abandonadas, com infraestrutura adequada, que possam ser convertidas rapidamente em unidades de fabricação ativas. Essa alternativa pode economizar tempo e dinheiro.

Constata-se tendência muito nítida de transferir pesquisa e desenvolvimento para mercados em rápido crescimento, o que está sendo feito com frequência crescente por pelo menos duas razões. Primeiro, muitas empresas entraram no jogo da "inovação para baixo" (*down ward innovation*), tentando desenvolver produtos abaixo do segmento *premium* (ver Capítulo 3 para uma análise da excelência em marketing), o que, em geral, é feito com mais eficácia e menos despesas em localidades mais baratas. Segundo, mesmo algumas pesquisas para segmentos sofisticados estão sendo realizadas em localidades mais baratas, meramente por motivos de custo. Os cientistas da Rússia e da China não custam tanto quanto os de Chicago ou de Frankfurt.

Mas, na hora de transferir P&D para localidades em mercados emergentes, as empresas devem empenhar-se na proteção da propriedade intelectual tanto quanto possível. A maioria das empresas desloca apenas parte da pesquisa para determinado país. Somente as sedes têm a visão total e conhecem o produto final. Essa abordagem cuidadosa decerto pode render pelo menos alguma dianteira nos mercados e garantir um bom começo. Seja como for, a maioria dos produtos inevitavelmente será copiada e hoje os executivos, em geral, acreditam que já não existe algo do tipo proteção plena à propriedade intelectual.

CERTIFIQUE-SE DE NÃO ENTRAR APENAS EM PARTE NOS MERCADOS

Descubra o quanto a média das multinacionais vende em certas áreas, como porcentagem de suas vendas globais, para ter uma ideia aproximada, mas significativa, de sua própria penetração no mercado. Se sua empresa estiver próximo da média, é provável que ela tenha investido mais ou menos o mesmo que as outras. Mas, se estiver muito abaixo da média, vale a pena dedicar mais tempo à análise das causas.

Minha longa experiência nessa área mostra que a presença no mercado em nível abaixo da média (em termos de vendas nesse mercado como porcentagem das vendas globais) resulta da falta de investimentos prévios em infraestrutura e de iniciativas sustentáveis para a construção da marca. As pesquisas revelam que a América Latina geralmente responde por 6% das vendas globais; o mesmo número para a Europa Central e Oriental, enquanto o Oriente Médio e o Norte da África representam 3% das vendas globais; a Ásia Emergente, de 14% a 15%; e a África Subsaariana, de 1% a 1,5%. Em outras palavras, multinacionais razoavelmente bem estabelecidas devem gerar 35% de suas vendas totais em regiões emergentes. As empresas que se situam abaixo dessa porcentagem estão investindo pouco; as que se encontram acima estão avançando na direção certa. A porcentagem das vendas oriundas de mercados emergentes decerto aumentará com o passar do tempo, por que o crescimento econômico e demográfico será mais rápido nessas regiões.

AUMENTE A SENSIBILIDADE CULTURAL EM TUDO O QUE VOCÊ FAZ

Quem quer que já tenha feito qualquer tipo de negócio em mercados emergentes sempre tem um caso horrível ou engraçado para contar sobre como a empresa se atrapalhou ao fazer algo insensível em termos culturais. Um alto executivo da indústria aeroespacial disse: "Não há nada de errado com os caras da matriz, exceto que se consideram os mais inteligentes e imaginam que o mundo se inclinará diante das opiniões e regras deles." Os erros decorrentes de insensibilidade cultural podiam ser perdoados 20 anos atrás. Talvez fossem compreendidos há 10 anos. Eram corrigidos 5 anos atrás. Hoje, esses erros sempre trazem etiqueta de preço.

As empresas devem ser cuidadosas em relação a muitos aspectos culturais, inclusive a maneira como lidam com as pessoas, o projeto e a venda de produtos compatíveis com a cultura, as negociações com parceiros e os relacionamentos com autoridades públicas. Hoje, nenhuma empresa sai incólume das consequências de insensibilidades culturais – os investimentos em treinamento de gestores juniores e seniores estão aumentando exponencialmente, sobretudo em empresas conhecidas por mandar empregados para várias partes do mundo.

ACERTE SUA ESTRATÉGIA DE RECURSOS HUMANOS

Ver Capítulo 4, que cobre questões-chave sobre RH em mercados emergentes.

DESLOQUE A INOVAÇÃO PARA NÍVEL COMPLETAMENTE NOVO

Ver o próximo capítulo, que trata da excelência em marketing.

CAPÍTULO 3

CONSTRUINDO E EXECUTANDO A EXCELÊNCIA NOS MERCADOS

O produto é tudo.

Steve Jobs

Você perde 100% das oportunidades que nunca explorou.

Wayne Greetsky

O SUCESSO NOS MERCADOS EMERGENTES depende de tal maneira da concepção e da execução da excelência em marketing que o tema até merece um capítulo próprio. Se o anterior versou principalmente sobre o lançamento das fundações estratégicas e estruturais das empresas nos mercados emergentes, este trata da construção de um dos complementos essenciais a ser erigido sobre esses alicerces. Este capítulo examina o que as empresas precisam fazer, em termos de produtos, distribuição, promoção e precificação, a fim de desenvolver um negócio sustentável e de superar os concorrentes nos mercados emergentes.

PRODUTO

REPENSANDO A INOVAÇÃO

Tradicionalmente, as empresas multinacionais típicas ganham dinheiro no segmento *premium* dos mercados e em muitos países conquistam posições de mercado invejáveis com esses produtos. Todas elas continuam a inovar e a criar novos produtos *premium*, com eles encontrando novas fontes de crescimento das vendas e conquistando participação no mercado. Essa inovação no nível *premium* continuará sendo elemento essencial do sucesso das empresas no futuro.

Porém, à medida que a competição se intensifica em novos níveis dos mercados emergentes, também as empresas precisam redirecionar a inovação. Para muitos de meus clientes, torna-se cada vez mais óbvio que a maioria das batalhas internacionais em negócios serão vencidas no médio e no longo prazo por empresas que competem em vários segmentos do mercado. No entanto, numerosas empresas ainda se recusam a olhar além do tradicional segmento *premium*. Tudo bem se essa é a estratégia global. "Não queremos gastar nem um segundo fora da área *premium* e essa é nossa estratégia deliberada. Estamos conscientes de que perdemos muitas oportunidades de crescimento com essa abordagem, mas essa foi nossa decisão", disse um diretor regional de uma empresa de bebidas alcoólicas. Se esse é o caso, tudo bem, desde que a empresa realmente tenha consciência de que poderia crescer mais rápido, mas opta por manter-se em um segmento de mercado *premium*, relativamente estreito e congestionado.

Para muitas empresas, o desenvolvimento de produtos para mais de um segmento de mercado/preço se tornou parte essencial do sucesso presente e futuro nos mercados emergentes. Nos próximos anos, todos veremos um número crescente de empresas lançando cada vez mais produtos nos segundo e terceiro níveis de renda e em outros ainda mais baixos da pirâmide de segmentação. Vejo muitas empresas planejando e executando essa estratégia com intensidade crescente. Por que será que é tão fundamental adotar uma estratégia de inovação sistemática e sustentável que vá além do segmento *premium* tradicional?

a) **Potencial de crescimento.** As empresas que competem em segmentos de mercado de segundo e terceiro níveis, ou ainda mais baixos, verão que parcela significativa do crescimento das vendas efetivamente provirá desse espaço, na próxima década e nas seguintes, nos mercados emergentes. No todo, a maior parte do potencial de crescimento das vendas se situará nos mercados emergentes e, neles, em todos os segmentos abaixo do *premium*. Muitas empresas se mostram sobremodo ansiosas por desenvolver produtos para o meio da pirâmide de segmentação.

b) **Pressões competitivas das multinacionais.** Mesmo as empresas multinacionais que se recusam a se mover para baixo do segmento *premium* tradicional pelo menos já se dispõem a discutir a questão com seriedade. Bens e serviços de todos os setores já são parte do jogo, ou ao menos o serão muito em breve. As empresas estão percebendo que, se deixarem o segundo ou o terceiro nível do mercado para os concorrentes, estarão arriscando suas posições estratégicas no médio e no longo prazo, além de perder participação no mercado e oportunidades de crescimento no curto prazo.

c) **Pressões competitivas das multinacionais de mercados emergentes.** Essas empresas geralmente começam a atuar na extremidade inferior da pirâmide de segmentação, mas, nos últimos anos, as multinacionais de mercados emergentes estão avançando para cima, atacando os segmentos intermediários. Algumas já se aventuraram nas áreas *premium* ou estão na iminência de fazê-lo. Muitas multinacionais globais estão concluindo que precisam partir para o confronto direto ou comprar esses concorrentes, antes que se tornem grandes demais e caras demais para serem adquiridas.

d) **O desenvolvimento de produtos ou serviços para vários segmentos não é questão estratégica apenas em mercados emergentes.** Também é relevante no mundo desenvolvido, onde empresas de todos os tamanhos e famílias de todos os níveis de renda se tornarão mais sensíveis aos preços, na nova era de crescimento econômico moderado e baixo (ver Capítulo 1).

e) **Na nova era de moderação, mais consumidores baixarão de nível** (tantos quantos o fizeram nos últimos anos). Estudos de casos históricos mostram que, depois de baixar de nível e ficar razoavelmente satisfeito com o produto apenas "bastante bom", dificilmente o consumidor retorna ao nível anterior mais alto. O perigo para as multinacionais que dependem exclusivamente do segmento *premium* é o de perder muitos clientes que relutariam em se deixar atrair de volta para o nível mais alto. Por que abrir mão dessas vendas para os concorrentes? É melhor que os consumidores baixem de nível para novos produtos da própria empresa, em vez de para os dos concorrentes. Ao menos você preserva o relacionamento e terá mais facilidade em atraí-los de volta para o topo, se for o caso.

Muitas empresas com que trabalho já começaram a competir em vários segmentos de mercado, embora a maioria hesite em avançar para a base da pirâmide, o que, em si, é um jogo extremamente difícil. Porém, concentrar-se no segundo e no terceiro nível do mercado é algo que as empresas estão aprendendo a fazer. E também aqui a tarefa não é de modo algum fácil. Tem-se o receio justificável de canibalização dos produtos *premium* existentes e de estreitamento das respectivas margens. Muitas empresas protelaram durante muito tempo a decisão de seguir esse rumo; porém, conforme mostram nossas descobertas expostas no Capítulo 1, já não resta dúvida de que ou se escolhe esse percurso ou se renuncia a um naco do mercado em benefício dos concorrentes. Trata-se de uma escolha estratégica, com forte impacto sobre o potencial de crescimento futuro, a ser feita por qualquer empresa.

Vários segmentos de mercado

Minha recomendação às empresas é que o futuro será daquelas cujos produtos forem capazes de atender às diferentes necessidades do mercado e que se empenharem em conquistar fatias dos diversos segmentos. Embora as investidas em alguns dos segmentos mais baixos realmente envolvam o risco de comprometer as margens totais, essa diversificação é de importância crucial do ponto de vista estratégico. Ela enfraquece a competição, oferece novas oportunidades de crescimento das vendas em segmentos até então inexplorados, reforça posições de mercado no longo prazo, arregimenta consumidores e clientes que almejam produtos *premium* mas que, por enquanto, não podem comprá-los – e prepara o terreno para a futura subida de nível desse público. No fim das contas, contribui para a realização do objetivo final, qual seja, o de superar os concorrentes e de construir um negócio sustentável para o futuro.

A competição em múltiplos segmentos do mercado, embora necessária, não é fácil de implementar. Algumas empresas a equiparam a "criar uma empresa dentro da empresa". Muitas coisas precisam mudar para que a empresa seja capaz de produzir e de comercializar um produto no segundo nível do mercado, por exemplo. É necessário repensar onde e como fazer P&D, onde e como fabricar, onde abastecer-se de matérias-primas e componentes, como organizar toda a cadeia de fornecimento e como abordar o cliente/consumidor.

Para promover a inovação "para baixo", "acessível" e "enxuta", as empresas estão deslocando cada vez mais suas atividades de P&D para mercados emergentes. A transferência da fabricação para localidades mais baratas também está em curso. O marketing não pode usar as mesmas mensagens aplicáveis a produtos *premium*. No cômputo total, para funcionar, a estratégia precisa contar com o apoio integral da ponta do topo da hierarquia organizacional. E todos devem compreender que o processo de mudança não é de fácil implementação. É um grande salto estratégico, mas também é um avanço capaz de garantir não só a sobrevivência, mas, acima de tudo, o sucesso duradouro.

Ao mesmo tempo, as empresas não devem esquecer que inovar para cima (ou criar novos produtos *premium* cativantes) continua sendo importante como em qualquer outra época. Além disso, também é fundamental estar consciente de que há grandes oportunidades de lançamento e de venda de bens e serviços "superpremium" nos mercados emergentes, para o pequeno nicho dos muitos ricos (ou dos que querem parecer ricos – e como há pessoas desse tipo nos mercados emergentes!). E, por último, mas não menos relevante, muitas empresas, hoje, estão inovando e desenvolvendo diferentes subsegmentos sob a etiqueta *premium* global. Os novos telefones inteligentes da Nokia (em si uma categoria *premium*) têm diferentes preços e diversas peculiaridades tecnológicas. Os carros BMW são todos *premium*, mas se distribuem em diferentes segmentos de preços (abrangendo carros pequenos e grandes).

Quando as sedes relutam em entrar nos segmentos de mercado mais baixos, os diretores regionais em geral recorrem a três abordagens para convencê-las. Primeiro, os diretores regionais de todas as áreas emergentes juntam forças para vender a proposta, pois todos precisam de produtos para vários segmentos, como condição de crescimento no futuro. Segundo, levam o CEO e os mais altos executivos da matriz para conversar com os clientes dos mercados emergentes, de modo que eles próprios percebam as necessidades do mercado, as diferenças de preços e a atuação dos concorrentes. Terceiro, argumentam que os produtos e serviços destinados aos segmentos mais baixos do mercado também serão úteis no mundo desenvolvido, cada vez mais sensível aos preços. Portanto, servir a múltiplos segmentos do mercado não é componente apenas da estratégia para mercados emergentes, mas também elemento importante da estratégia global. Depois que os CEOs e os altos executivos se derem conta dessa realidade, fica mais fácil começar a deslocar toda a empresa nessa direção.

Servir a múltiplos segmentos do mercado não é componente apenas da estratégia para mercados emergentes, mas também elemento importante da estratégia global.

Uma palavra de cuidado, com base em algumas experiências infelizes. Várias empresas que conheço bem haviam lançado produtos no segundo e no terceiro nível dos respectivos mercados, mas, depois, realmente não investiram na construção dessas marcas nos anos subsequentes. Por fim, declararam a iniciativa um fracasso e bateram em retirada. Os executivos regionais incumbidos do projeto estavam ansiosos por reforçar as marcas recém-lançadas, mas não conseguiam recursos suficientes. "Agora, só daqui a 10 anos poderemos tentar de novo, pois sempre haverá alguém lá em cima que se lembrará de como 'fracassamos'. A verdade é que não fracassamos na intenção e na concepção, mas a execução e a construção da marca foram incrivelmente deficientes." Portanto, é fundamental a compreensão de que o lançamento de produtos em novos segmentos fracassará se não contar com apoio adequado e contínuo e se não houver nítida diferenciação da marca.

A velocidade da inovação também é importante. Um dos altos executivos de uma empresa de aparelhos médicos com que trabalho há vários anos disse:

...hoje, 70% de nosso crescimento em mercados emergentes decorre de produtos que lançamos nos últimos dois anos. Essa é a única maneira de nos mantermos competitivos contra concorrentes antigos e novos. Ao mesmo tempo, posicionamos os produtos mais velhos, já substituídos, no segundo nível. De fato, não estamos fazendo nenhuma inovação para baixo. Ao melhorarmos os produtos *premium*, os produtos mais antigos são rebaixados para a segunda categoria, onde ficam algum tempo, até também serem substituídos.

Acho que toda a mensagem sobre inovação para o futuro nos mercados emergentes pode ser desdobrada da seguinte maneira:

- Focar múltiplos segmentos.
- Fomentar e melhorar o *premium*.

- Considerar também o "superpremium".
- Avançar com rapidez e criatividade sem precedentes, mais que os concorrentes.

Também deve manter-se em sintonia constante com as necessidades cambiantes dos consumidores e dos clientes, em todos os mercados.

Trate os clientes/consumidores com respeito

Outro item para o futuro é que não se devem subestimar os consumidores e clientes locais. Erro comum que tenho observado é o de tentar entrar em mercados emergentes ludibriando os consumidores com produtos que haviam sido retirados dos mercados desenvolvidos. Essa estratégia sempre foi questionável e muitas vezes disparou pela culatra. Hoje, ela não tem chance de sucesso, a não ser que esses produtos mais antigos sejam redirecionados deliberadamente para segmentos mais baixos do mercado. Apesar de sua pobreza relativa, os consumidores e clientes de muitos mercados emergentes são extremamente bem informados sobre novas tecnologias, novos produtos e, nas palavras de um de meus clientes, "...sabem exatamente quando alguém quer vender-lhes merda em embalagem de luxo."

As empresas que continuam inovando durante as recessões econômicas despontam mais fortes quando se inicia a bonança. Quando não se tem produto ou serviço para atender a novas necessidades do mercado, deve iniciar-se um programa interno para desenvolver e lançar novos produtos para múltiplos segmentos do mercado. Às vezes, bastam pequenos ajustes nos produtos existentes e o reposicionamento de novas marcas.

A inovação por meio dos clientes nos mercados emergentes precisa institucionalizar-se em todas as empresas sérias.

Cada vez mais, numerosas empresas inovam por meio dos clientes e consumidores locais. Evidentemente, muitas continuam a inventar produtos de que os consumidores e clientes "nem mesmo sabiam que precisavam", o que é muito bom. Ao mesmo tempo, aumentando a frequência de conversas com clientes e consumidores locais, muitas empresas transmitem às suas equipes de P&D importante feedback dessas fontes. Portanto, como muitas coisas em negócios internacionais hoje, até a inovação está ficando muito localizada, levando em conta as opiniões e preferências dos compradores finais locais. A inovação por meio dos clientes nos mercados emergentes precisa institucionalizar-se em todas as empresas sérias.

Hoje, as equipes internas responsáveis pela inovação estão mudando. Primeiro, os CEOs estão participando do processo e tentando envolver no jogo executivos locais e equipes transfuncionais, inclusive fornecendo feedback. Segundo, as quatro categorias de inovação tradicionais – revolucionária, evolucionária, diferenciadas e *fast-fail* – também estão recebendo diferentes alocações. Empresas que costumavam investir apenas de 10% a 15% dos gastos totais com P&D em inovações revolucionárias hoje estão aumentando essa porcentagem, uma vez que todo o mundo está ansioso por criar produtos que mudem as regras do jogo, em todos os segmentos.

Várias empresas com que trabalho lançaram recentemente novas categorias de produtos. Algumas delas são originais e, portanto, abriram espaço totalmente novo para o crescimento. Outras são agrupamentos de produtos e serviços existentes, em que o enfardamento inteligente gerou vantagem no mercado. Um alto executivo de uma empresa de alimentos italiana afirmou recentemente:

> Somos mestres em inventar produtos que ninguém imaginou antes. Esse fato em si empolga os consumidores, razão por que a maioria de nossos lançamentos de novos produtos é bem-sucedida nos mercados emergentes. Descobrimos que esses consumidores são muito abertos a novas ideias, a algo muito atraente. Eles mudam das marcas conhecidas para outras totalmente novas em questão de minutos. Por isso é que nos empenhamos em criar nossos próprios padrões de crescimento por meio da inovação.

ESFORCE-SE PARA COMPREENDER OS GRUPOS E SEGMENTOS DE CLIENTES DE MANEIRA MUITO CIENTÍFICA, FREQUENTE E LOCALIZADA

As empresas sempre se empenharam em compreender os segmentos de mercado e seus clientes/consumidores. Porém, hoje, as empresas estão enfatizando três áreas para garantir o sucesso duradouro nos mercados emergentes. Primeiro, a pesquisa se torna mais frequente ou contínua, pois a volatilidade econômica pode mudar rapidamente as preferências e os comportamentos dos consumidores/clientes. Segundo, mais do que nunca, o foco da pesquisa é mais local, concentrando-se nos diferentes países. No passado, muitas empresas reuniam os resultados das pesquisas regionais em gráficos e slides conjuntos. Isso já não é suficiente. Terceiro, a pesquisa em si está ficando mais sofisticada e mais científica.

Ainda me surpreendo ao observar como muitas empresas continuam a vender seus produtos com base em pesquisas de dois ou três anos atrás. Isso já não é suficiente. O ambiente econômico cada vez mais hostil e volátil transforma constantemente as preferências e as necessidades dos consumidores/clientes. Além disso, boa parte da pesquisa que se debate nas reuniões das empresas ainda está regionalizada sob categorias amplas demais, como Europa, Oriente Médio e África (EOMA), Américas ou Ásia-Pacífico, sem o necessário aprofundamento nos mercados locais. Compreende-se que empresas de médio porte não queiram gastar muito com pesquisas locais frequentes; no entanto, para grandes multinacionais, realmente não há desculpa (se, de fato, quiserem ser atores globais dominantes). O custo dessas pesquisas é relativamente baixo, em comparação com seus benefícios potenciais, em termos de reconstrução do portfólio de produtos, de posicionamento mais inteligente e de mensagens de marketing mais atraentes que ressoam entre os compradores.

Para meu espanto, uma das maiores empresas de bens de consumo do mundo recentemente me disse duas coisas que pareceram exagero, mas o diretor regional falava sério: "Depois da crise, realmente já não conhecemos muito nossos compradores. E admitimos que tenham mudado tanto a ponto de já não serem reconhecíveis." Em consequência dessas suposições, a empresa lançou um projeto de pesquisa multimilionário em todos os países do mundo, para descobrir o que o consumidor pós-crise realmente quer, como ele/ela pensa etc. Quando os resultados da pesquisa chegaram, houve muitas surpresas: revelaram, por exemplo, a necessidade de ampliar o portfólio de produtos para cima e para baixo na pirâmide de segmentação. Também demonstraram que o posicionamento de certos produtos estava totalmente errado.

À luz desse novo foco em múltiplos segmentos de mercado, as empresas estão em dúvida sobre a quantos segmentos de mercado podem servir em cada país. Elas escavam fundo em cada segmento para descobrir as reais necessidades do mercado e o preço possível de cada elemento. A visão consensual é a de que mais crescimento no futuro advirá do meio da pirâmide. Os clientes mudaram no mundo pós-crise e as empresas precisam descobrir os rumos e as tendências dessas mudanças. É como disse o chefe regional de uma empresa de TI:

> Depois que passamos a examinar as empresas locais de pequeno e médio portes, constatamos a existência de um grande mercado para nós e agora estamos tentando explorá-lo com grandes mudanças em alguns produtos e com pequenos ajustes em outros para atender às necessidades locais.

O objetivo final desse exercício é a sintonia constante com as necessidades cambiantes do mercado – e a adaptação contínua às novas condições.

PARA PROMOVER MAIS CRESCIMENTO, AJUSTE O PORTFÓLIO DE PRODUTOS ÀS NECESSIDADES REAIS

Enquanto as pesquisas monitoram as necessidades do mercado à medida que evoluem em cada país, todas as empresas devem praticar certo exercício como parte de uma estratégia contínua para o futuro, que consiste em compatibilizar o portfólio de produtos ou serviços com essas necessidades em evolução e, às vezes, em rápida transformação. Em consequência, muitas empresas terão de ampliar suas linhas de produtos ou serviços para novas direções e para novos segmentos, seja por meio de crescimento orgânico (via inovação), seja mediante aquisições. Hoje, muitas empresas estão buscando maneiras de desenvolver extensões de produtos e novas categorias de produtos, em que as pressões competitivas não sejam tão intensas.

Outras empresas procurarão atacar novos segmentos do mercado, com o mesmo produto. Um executivo do setor de bebidas me disse recentemente:

> Nossas bebidas energéticas tradicionalmente miravam os jovens. Durante anos, não imaginamos que houvesse muito interesse [por nossos produtos] entre adultos maduros ou até idosos. Vários

experimentos que realizamos revelaram a existência de amplas oportunidades de estender o mesmo produto para grupos de compradores totalmente novos. Quando, finalmente, começamos a fazer isso, enfrentamos, de início, alguns desafios, mas a abordagem geral foi um sucesso. Ponderamos se fazia sentido vender nosso produto *premium* para grupos mais maduros ou se seria preferível lançar marcas secundárias mais baratas. Optamos pela primeira alternativa e ela está funcionando bem – e estamos partindo para adotar essa estratégia em todo o mundo.

PROCURE AJUSTAR-SE COM RAPIDEZ À ESTRATÉGIA DE PRODUTOS E DE POSICIONAMENTO DOS CONCORRENTES – OU MELHOR, LIDERE A ESTRATÉGIA

Se um concorrente lançar algo completamente novo, que, de repente, comece a conquistar a fatia de mercado de sua empresa, persiga-o com novos produtos em tantos mercados emergentes quanto possível. A razão por que isso é tão importante em mercados emergentes é o fato de os compradores ainda serem muito volúveis – as lealdades a marcas ainda não serem tão firmes quanto nos Estados Unidos ou no Japão. Portanto, um novo lançamento de produto pode mudar as participações no mercado. Evidentemente, no mundo ideal, cada empresa se esforçará para liderar o mercado com produtos que mudam as regras do jogo. Porém, se os concorrentes forem mais rápidos, as retardatárias devem ser capazes de organizar com rapidez forças-tarefas para replicar a inovação com o máximo de urgência. A última coisa a ser permitida é que os concorrentes desfrutem de algum sossego com o novo lançamento.

OS MERCADOS EMERGENTES OFERECEM OPORTUNIDADES PARA NOVO POSICIONAMENTO – USE-AS PARA MELHORAR AS MARGENS

Uma vez que muitas marcas não são bem conhecidas em novos mercados em todo o mundo, as empresas têm a oportunidade de posicionar seus produtos de maneira diferente da adotada nos mercados domésticos. Na realidade, muitas empresas optaram por posicioná-los em ponto mais elevado da pirâmide de segmentação. Envolvendo jeans ou álcool, alimentos ou carros, é o que está acontecendo em muitos segmentos. Em geral, o processo consiste em pegar um produto considerado intermediário na pirâmide de segmentação da Alemanha ou dos Estados Unidos e posicioná-lo como *premium* na África do Sul ou na Índia.

PROMOÇÃO

CONTINUE GASTANDO EM TODOS OS ASPECTOS DA CONSTRUÇÃO E SUSTENTAÇÃO DA MARCA

Dispõe-se de evidências históricas suficientes de que as empresas cujas despesas com vários exercícios de construção da marca são superiores às dos concorrentes (especialmente durante períodos de dificuldade econômica) também tendem a superá-los em desempenho. Em geral, essa tendência se reflete primeiro em ganhos na fatia de mercado. Porém, posições mais fortes em participação no mercado acarretam numerosas vantagens de médio e longo prazos. No entanto, essa tendência não raro é esquecida por empresas que operam em mercados emergentes.

Mesmo em tempos relativamente bons para a economia, muitas empresas multinacionais e novos atores emergentes são cautelosos em relação às despesas com marketing e tendem a recorrer aos distribuidores para de alguma maneira construir o negócio para elas ou no lugar delas. Em geral, a confiança na suposta força global de certas marcas é a razão por que algumas empresas relutam em gastar muito "com marcas que todo o mundo conhece". É possível que, no passado, as multinacionais conseguissem evitar as consequências adversas dessa atitude, mas isso é coisa de tempos que já se foram há muito.

Apenas as empresas que investem com inteligência, pujança e consistência em suas marcas superarão em desempenho os concorrentes em rápida ascensão nos mercados emergentes. Já não é possível construir e sustentar posições em mercados emergentes sem esse compromisso com os investimentos.

"Internamente, nós o denominamos 'consistência de gastos' com nossas marcas. Tudo se resume nisso. É algo importante nos mercados desenvolvidos, mas é ainda mais crítico nos mercados emergentes, pois as lealdades ainda não estão arraigadas e precisamos acenar o tempo todo aos compradores com nossos produtos, lembrando-os do que são, do que significam, como usá-los etc. etc. É um compromisso infindável e dispendioso, mas não vemos nenhuma outra maneira de avançar", disse um executivo do setor de bens de consumo.

Esse ponto é igualmente importante durante períodos de dificuldade econômica. As empresas conquistam participação no mercado sempre que gastam mais que os concorrentes durante as recessões econômicas. E as empresas que avançam nos mercados em épocas difíceis sempre se dão bem (especialmente em termos de resultados financeiros) na volta dos bons tempos. A empresa precisa de boa dose de visão de longo prazo para adotar essa estratégia. Alguns exemplos recentes dessa tendência ocorreram na região da Europa Central e Oriental, que vem enfrentando dificuldades econômicas nos últimos anos.

Um bom cliente narra um caso muito ilustrativo do desafio enfrentado pelas empresas em épocas de lento crescimento econômico:

> Eu e meus colegas nas linhas de frente vemos esse período como época em que de fato é possível aumentar a participação em certos segmentos do mercado. Alguns de nossos concorrentes estão recuando, outros estão desaparecendo e o mercado se abriu para quem for mais agressivo na conquista de maiores fatias. No entanto, como nossos lucros estão estagnados, não conseguimos aprovação da sede para aumentar as despesas com marketing até os níveis almejados – ou seja, para gastar mais que os concorrentes. Ao mesmo tempo, nosso CEO se gaba de a empresa estar aboletada sobre pilhas de dinheiro sem precedentes, com as quais não se faz nada no momento – embora seja bom para o preço da ação e para

os detentores de opções sobre ações. É uma visão de curto prazo que nos impede de dominar mercados emergentes. Que vergonha! Já desisti de convencê-los.

Outro executivo, que atua na América Latina, diz:

> Passamos por outra rodada de fuga de capitais de nossos principais mercados e as moedas locais se depreciaram sem nenhuma razão óbvia. No passado, quando algo assim acontecia, sempre parávamos de gastar durante algum tempo, para avaliar o impacto sobre a lucratividade. Hoje, continuamos fazendo as mesmas coisas, como se nada tivesse acontecido. Não podemos perder participação no mercado. Sabemos que as moedas retornarão aos níveis originais com bastante rapidez. De fato, nossa mentalidade mudou tanto que quase recebemos de bom grado as breves janelas de oportunidades que se abrem quando os mercados enfrentam tumultos. Nós as vemos como chances efêmeras para aumentar a fatia de mercado a expensas dos concorrentes, que reagem com o reflexo condicionado de cortar as promoções ou até de abandonar o mercado. Não me interprete mal, não queremos desvalorizações cambiais frequentes, mas agora sabemos manejá-las.

NÃO SEJA PREGUIÇOSO EM SUAS ATIVIDADES DE PROMOÇÕES

Sua empresa usa anúncios globais ou regionais para promover produtos e serviços em diferentes países de todo o mundo? Os sites locais de sua empresa não são 100% traduzidos para os respectivos idiomas, mas fornecem links para o site da matriz? Se as respostas forem positivas, é preciso mudar essas práticas o mais cedo possível. As empresas, cada vez mais, estão avançando na direção de localizar, ou seja, de adaptar às condições locais a maioria de suas atividades promocionais.

Um de meus maiores clientes no negócio de bens de consumo reformulou completamente suas campanhas promocionais nas regiões da Europa Central e Oriental e do Oriente Médio e África, e agora está aplicando programas semelhantes na Ásia emergente e na América Latina. Até então, adotava uma abordagem regional, usando televisão, imprensa e outros veículos. O diretor de marketing regional deles assim se manifestou:

> Quando fui contratado para reformular o marketing na empresa, quis ter a certeza de que nossos anúncios realmente atingiam o público-alvo e que nossas mensagens de marketing ressoavam entre os destinatários. Estávamos perdendo participação na maioria dos mercados. Não chegava a ser alarmante, mas o declínio era constante e preocupante. Até que, depois de mais uma rodada de pesquisas de mercado, ficou claro que os anúncios não estavam repercutindo entre os consumidores nem os sensibilizando para nossos produtos. Os anúncios eram dublados para a língua local, mas com rostos anônimos, sem nenhum vínculo local com os compradores. Agora, desenvolvemos e rodamos campanhas específicas para cada país. Descobrimos que em cada mercado as pessoas se importavam com coisas diferentes. Estamos usando rostos locais conhecidos, como embaixadores de nossos produtos. Nos últimos 18 meses, desde quando nosso marketing deixou de ser preguiçosamente global e regional para tornar-se diligentemente local, aumentamos nossas fatias de mercado em algo da ordem de 7% a 18%, dependendo do mercado. Agora, vamos partir para o próximo estágio e nossas campanhas-piloto estão mostrando resultados fantásticos. Os experimentos em três países mostraram que, quando nos concentramos nas diferenças culturais locais e incluímos o humor local, conquistamos ainda mais participação. Portanto, estamos entrando ainda mais fundo em cada mercado. O nível nacional não é suficiente. O futuro

será muito mais granular e científico, não só em termos de regiões dentro de países, mas também de segmentos de mercado em cada região e província ou estado, cujos mercados deverão ser compreendidos com muito mais profundidade. Isso custa dinheiro, mas os retornos são ótimos, mesmo no curto prazo. Justificam cada tostão gasto.

ENVOLVA UMA EQUIPE MAIS AMPLA NA SINTONIA FINA DE MENSAGENS QUE RESSOAM

Muitas empresas que observei nos últimos anos se mostram muito interessadas em destacar-se da concorrência nas conexões com os compradores. Parece clichê, mas não poucas admitem de pronto que operam sob o mesmo padrão ano após ano.

"Quando examinamos como encontrar mais compradores e como alcançá-los com uma mensagem que os leve a pensar em nós, nunca deixamos essa tarefa exclusivamente por conta do pessoal de marketing. A equipe que trata disso é muito diversificada. Aprendemos que as boas ideias não raro se escondem em outras áreas. Na última reunião, duas ideias fabulosas foram apresentadas por um jovem gerente de finanças e por um engenheiro em vias de aposentar-se. Além de insistirmos na participação de todas as divisões, também fazemos questão de contar com várias faixas etárias na equipe. Realmente gosto de incluir pessoas jovens, que verão as coisas de maneira muito diferente, mas também pessoas muito velhas, como eu, que se lembram de pontos positivos do passado ou que observam o presente de um ângulo diferente", diz o diretor regional de uma grande empresa industrial.

DISTRIBUIÇÃO

Um dos fatores críticos de sucesso mais relevantes é oferecer o produto a todos os clientes potenciais e controlar com eficácia todo o processo, diretamente ou por meio de distribuidores locais (ou mediante uma combinação de ambas as formas). Apesar da premência de aprofundar a presença local e do impulso em curso nesse sentido, em tantos mercados emergentes quanto possível, a maioria das empresas continua a trabalhar com distribuidores locais. O nível de envolvimento ainda varia, desde deixar que os distribuidores dirijam quase tudo na área (estratégia que já qualifiquei como totalmente insuficiente) até permitir que cuidem apenas da distribuição física dos produtos (situação em que as multinacionais assumem controle direto sobre as importações). Essa segunda abordagem, evidentemente, não é barata, mas os benefícios podem superar os custos, às vezes mesmo em pequenos países.

Aqui, a chave do sucesso é desenvolver forte relacionamento de trabalho com os distribuidores, condição em que a multinacional os apoia com seu próprio pessoal de vendas e marketing na área, assim como com outras formas de suporte (ver adiante). As empresas que deixam por conta dos distribuidores os mercados e a marca geralmente não conseguem superar os concorrentes nem construir posições sustentáveis nos mercados emergentes. Distribuidores eficientes, bem capitalizados e proativos são ótimos recursos para a organização. Mas nenhum deles será eficaz durante muito tempo se não for controlado e supervisionado de perto. Mais cedo ou mais tarde, incompatibilidades entre as ambições da empresa e do distribuidor acabarão criando tensões no relacionamento, que se converterão em obstáculos ao crescimento mais rápido. Muitos são os fatores críticos a serem considerados quando a empresa se prepara para trabalhar com distribuidores. Apresento, a seguir, alguns tópicos importantes, que foram mencionados com frequência pelos executivos durante minha pesquisa para este livro:

SELEÇÃO DE PARCEIROS – ESCOLHA OS QUE ESTIVEREM DISPOSTOS E FOREM CAPAZES DE SEGUIR SUA ESTRATÉGIA DE CRESCIMENTO ACELERADO

Se há um lema que escuto a toda hora de executivos experientes é o de que o mais importante é "encontrar o parceiro certo". O parceiro certo pode construir ou destruir o negócio. Quais são os critérios que determinam a sustentabilidade de um parceiro? Os executivos citam aspectos como capital suficiente para comprar muitos produtos e possibilitar a expansão; staff bem informado e imbuído de profissionalismo; infraestrutura adequada em termos de depósitos e logística; sistema de TI para conectar-se com as multinacionais; expertise no setor; bons relacionamentos com varejistas ou grupos de compradores finais; capacidade de prestar serviços de pós-venda aos clientes; alcance nacional; disposição/recursos financeiros para fazer tudo isso.

Cada vez mais, as empresas priorizam um critério em relação a todos os demais, que continuará a ser importante no futuro. Disposição do distribuidor (leia: dono) para abraçar a estratégia de crescimento da multinacional e contribuir de maneira proativa para a sua implementação e sucesso. Número crescente de multinacionais constata que os atuais distribuidores (em geral, indivíduos que já são prósperos) nem sempre estão interessados em seguir as estratégias de crescimento ultrarrápidas que as empresas tentam implementar nos mercados em alto crescimento. Às vezes, os distribuidores são demasiado frágeis em termos financeiros para executar a estratégia de crescimento acelerado. Em consequência, um dos principais critérios para selecionar novos distribuidores é a avaliação da atitude dos candidatos em relação ao crescimento e à capacidade de financiar e de executar a sua parte.

As empresas recorrem a vários meios para recrutar e selecionar distribuidores, como recomendações boca a boca, observação dos distribuidores dos concorrentes e dos não concorrentes ou, às vezes, apenas a propaganda na mídia local. Porém, o mais eficaz é certificar-se de que os candidatos selecionados atendem aos critérios internos da empresa. Para tanto, as empresas visitam os escritórios e outras instalações dos distribuidores, entrevistam os proprietários e o pessoal, fazem verificações sobre a organização, quanto às condições financeiras e ao cumprimento das obrigações legais e regulatórias, conversam com varejistas e outros compradores finais; testam seus conhecimentos e expertise e investigam antecedentes de crescimento.

Sempre digo a meus clientes para serem extremamente cuidadosos ao selecionarem um distribuidor, investindo tempo e dinheiro suficientes na busca do parceiro "certo". É melhor não se precipitar nos relacionamentos, sem primeiro fazer verificações completas. Alguns relacionamentos são difíceis de desfazer, mormente em algumas jurisdições complexas, como, por exemplo, no Oriente Médio (muitos de meus clientes estão às voltas com processos judiciais na área do Golfo, para desvencilhar-se de velhos contratos de distribuição).

Antes de concluir a escolha, também é de enorme importância compreender a história do distribuidor. Ele tem a tendência de passar de uma empresa para outra ou de um produto para outro? Ele está no negócio com intenções imediatistas, apenas com o propósito de ganhar uma grana rápida, prestando serviços a quem lhe oferecer as melhores condições este ano? Hoje, as empresas de modo algum podem trabalhar com distribuidores imbuídos de mentalidade de mais curto prazo que a delas próprias. A lealdade importa, daí a necessidade de sentir o espírito de fidelidade nos antecedentes dos candidatos.

As empresas também precisam esclarecer quais serão suas diretrizes em termos de preços, construção da marca, serviços e qualquer outro aspecto do negócio que garanta o funcionamento regular das operações. Cada vez mais, as empresas estão dizendo aos candidatos a distribuidores: "Se vocês forem os escolhidos, incluiremos algumas exigências no contrato. Considere-as com atenção. Se não gostarem, não vamos perder tempo." Além de esclarecer previamente as diretrizes que serão importantes para o bom relacionamento no futuro, as empresas devem certificar-se de que os parceiros potenciais estão familiarizados com os objetivos estratégicos de longo prazo da organização global.

TRABALHAR COM DISTRIBUIDORES – ALGUNS PONTOS IMPORTANTES

Para enfrentar as várias ameaças competitivas do futuro, em economias às vezes voláteis, é essencial garantir mais controle sobre o negócio, o que inclui certificar-se de que os distribuidores atuam de maneira integrada com as multinacionais a que prestam serviços. Isso em geral significa que as empresas devem abrir tantos escritórios quanto possível em todo o mundo – abrir pequenas unidades do tipo "um homem e seu cão" em países pequenos é melhor que deixar os distribuidores locais assumirem todas as atividades. Controlar o negócio de longe é coisa do passado, algo que já não é satisfatório no atual ambiente competitivo. O ideal é que as multinacionais se assegurem de que seus representantes ou subsidiárias contam com pessoal de marketing e vendas na área, com recursos suficientes para construir marcas e trabalhar proativamente com os distribuidores e outros parceiros locais.

Colocação de seus próprios funcionários locais na organização dos distribuidores

As empresas, cada vez mais, estão alocando staff próprio para trabalhar fisicamente nas instalações dos distribuidores, de modo a garantir que os negócios estejam sendo bem conduzidos no dia a dia, do ponto de vista de seus interesses. Às vezes, essa também é uma alternativa para pôr alguém na área, se a empresa não quiser investir em escritório do tipo "um homem e seu cão". Essa solução também é importante, porque alguns distribuidores geralmente se dedicam mais a algumas empresas que a outras, situação em que o controle estreito é ainda mais importante para garantir que sua empresa e sua marca sejam objetos de foco e atenção suficientes. As empresas também estão empenhadas em contar com pelo menos uma pessoa na organização do distribuidor que represente exclusivamente os seus interesses como comitente, o que, em geral, é feito por meio da inclusão das chamadas "cláusulas de pessoa-chave" nos contratos com os distribuidores.

Construção de relacionamentos fortes

É importante que os líderes nacionais e regionais construam bons relacionamentos estáveis com os distribuidores. As empresas reconhecem essa necessidade, razão por que tantos diretores regionais tentam aumentar a presença local em numerosos mercados de alto crescimento. Esse aspecto não pode ser negligenciado, independentemente da situação da economia. Nos bons tempos, ajuda a impulsionar o negócio, e nos maus tempos ajuda a executar os planos de contingência. Porém, não há como desenvolver relacionamentos adequados sem profunda presença local e sem a continuidade da alta administração. Os parceiros locais devem sentir-se parte da organização e divisar horizontes lucrativos. Cada vez mais, as empresas compreendem que a construção desses relacionamentos não é exercício que se conclui da noite para o dia. Exige tempo, dinheiro e excelentes habilidades interpessoais por parte dos líderes da empresa.

Envolvendo ou substituindo distribuidores complacentes para garantir o crescimento

As empresas também estão intensificando seus esforços, por meio de pressões crescentes sobre os distribuidores para que melhorem seu desempenho e contribuam proativamente para o crescimento. Um de meus clientes diz:

> Percebi que muitos de nossos distribuidores na região Europa Central e Oriental, Oriente Médio e África começaram a dar como certo nosso contrato com eles. Alguns ficaram incrivelmente ricos: trabalhavam pouco, desfilavam com seus carrões, velejavam mundo afora ou faziam turismo o tempo todo. E se tornaram complacentes. Assim, quando os desafiei a falar sobre crescimento rápido, parecia que estávamos conversando em línguas diferentes. O dilema, então, era óbvio. Ou tentávamos trazê-los a bordo ou enfrentávamos o desconforto de substituí-los, com resultados questionáveis. Nos últimos 12 meses, consegui trocar três deles por organizações mais jovens e mais dispostas. Dois dos três já se alinharam com nossas metas ambiciosas.

Além de substituir distribuidores, as empresas também estão definindo metas de vendas mais rigorosas e construindo infraestruturas para relatórios mais frequentes, além de encurtar o prazo dos contratos e neles incluir numerosas cláusulas de rescisão antecipada. Outro cliente do setor de assistência médica, responsável por mercados da região Europa Central e Oriental, Oriente Médio e África, observou:

> Decidimos acelerar o crescimento da região nos próximos cinco anos e reconhecemos que não estávamos satisfeitos com muitos de nossos distribuidores na área. Depois de várias experiências infelizes, jogando duro com eles, resolvemos adotar uma filosofia de envolvimento. Nosso pessoal introduziu numerosas

iniciativas que, por meio de uma combinação de incentivos e de motivação, alinham os distribuidores com nossa trajetória de crescimento.

Às vezes, nem envolvimento nem jogo duro ajudam. Parece que essa é uma situação comum em algumas jurisdições do Oriente Médio. Um dos presidentes da região Oriente Médio e África de uma empresa industrial afirmou:

> Nosso relacionamento com dois de nossos principais distribuidores na Arábia Saudita e Kuwait ficou tão complicado que não conseguíamos nem mesmo engajá-los nas iniciativas, mas receávamos rescindir o contrato, pois eles ameaçavam processar-nos. Nessas condições, fizemos um acordo, pelo qual eles continuariam a receber as taxas de agenciamento e de distribuição, mas limitariam seus serviços à entrega física. Assim, assumimos o controle de nosso plano de crescimento, que agora está funcionando bem.

As empresas também devem oferecer treinamento contínuo e abrangente aos distribuidores, o que os ajuda a sentir-se parte da família da empresa e, mais importante, garante que estejam sempre não só informados e atualizados sobre os produtos e serviços, mas também preparados para seguir as iniciativas de marketing e vendas, para compreender as limitações financeiras e para participar de outros aspectos do negócio.

Ajudando financeiramente os distribuidores (e os clientes)

Em tempos de dificuldades econômicas, as empresas, cada vez mais, estão oferecendo ajuda financeira aos distribuidores, geralmente atuando como instituição financeira ou facilitando o relacionamento dos distribuidores com os bancos. Em muitos mercados emergentes, o capital de giro é ainda pouco acessível ou demasiado dispendioso para os negócios de pequeno e médio portes, situações em que a ajuda da empresa consiste em garantir que os planos de crescimento não sejam prejudicados pelas dificuldades financeiras dos distribuidores.

Evidentemente, o ideal é que a empresa não se veja às voltas com distribuidores que enfrentem dificuldades financeiras, mas, na esteira da crise financeira global, ninguém está imune a problemas de liquidez, mesmo os negócios mais sólidos. Talvez os distribuidores atuem em países onde as taxas de juros tenham subido inesperadamente e seu endividamento esteja espremendo a liquidez. Também é possível que os distribuidores não estejam recebendo com pontualidade seus créditos ante os varejistas. Qualquer que seja a razão, as empresas devem adotar atitude flexível e entrar com fundos, se necessário.

Aqui estão numerosos exemplos de empresas que cada vez mais atuam como bancos. Um de meus clientes no setor de equipamentos médicos relatou:

> Desde quando iniciamos amplos esquemas de financiamento, conduzidos por nossa área de leasing, nossas vendas dispararam, mesmo nos mercados que, até então, considerávamos em forte depressão.

Outro executivo do setor de TI afirmou:

> Nossa divisão de finanças está atendendo a clientes empresariais em todo o mundo, sem o que não estaríamos crescendo no mesmo ritmo. Demoramos muito tempo para decidir e executar, mas agora não temos dúvida de que foi algo sensacional.

No setor de bens de consumo, uma das grandes multinacionais relatou:

> Estamos flexibilizando cada vez mais nossas condições de financiamento aos distribuidores que, por uma ou outra razão, não têm condições de corresponder às nossas expectativas. A sede agora compreende que devemos confiar mais em nossos parceiros. Desde quando começamos a ampliar os prazos de pagamento, superando

limites que antes considerávamos longos demais, tivemos problemas apenas em dois países dos 115 em que atuamos, com distribuidores que se beneficiaram à nossa custa ou desapareceram com nosso contas a receber. A ampliação dos financiamentos é importante para manter nosso impulso de crescimento. Não podemos desperdiçar essa oportunidade.

Outra empresa na indústria de cosméticos narra:

Somos provavelmente uma das maiores casas de microfinanças do mundo. Concedemos empréstimos cujos valores variam de dezenas a muitas centenas de dólares a nossos compradores. Depois de algum nervosismo inicial, agora percebemos que nosso portfólio de empréstimos duvidosos é efetivamente menor que o da maioria dos bancos que adotamos como paradigma. Sem esse esquema, nossos negócios em mercados emergentes não teriam metade do tamanho de hoje.

Concorrência entre distribuidores

As opiniões das empresas se dividem quando se trata de garantir exclusividade aos distribuidores. Algumas são radicalmente contrárias à hipótese, enquanto outras consideram boa ideia dar aos distribuidores a chance de competir entre si em áreas geográficas bem definidas – deixando que a seleção natural defina qual é o mais apto a dirigir as operações. Em mercados menores, as empresas estão optando cada vez mais por distribuidores exclusivos, mas com prazos contratuais mais curtos (e com muitas causas de rescisão antecipada). Em alguns dos grandes mercados, como os países BRIC (Brasil, Rússia, Índia e China), os mercados são tão grandes que geralmente é difícil encontrar distribuidores capazes de atender às metas cada vez mais ambiciosas das empresas.

Monitoramento da observância das leis e regulamentos

Cada vez mais, as empresas também estão monitorando o cumprimento das leis e regulamentos pelos distribuidores. Em âmbitos global e nacional, as garantias de observância estão ficando cada vez mais rigorosas, com severas punições para os infratores. Até mais ou menos 1997, muitas empresas européias até consideravam dedutíveis no cálculo dos impostos os pagamentos de subornos para o fechamento de contratos internacionais. Esses dias ficaram para trás. Hoje, a legislação da maioria dos países desenvolvidos considera delinquentes ambas as partes do suborno.

A grande mudança nos anos recentes é que mesmo se a propina for paga diretamente pelos distribuidores, os executivos da matriz, responsáveis pelos territórios onde ocorreu o suborno, podem acabar na cadeia. Por esse motivo, as empresas se esforçam para registrar com muita clareza que os distribuidores foram informados de que, em hipótese alguma, podem pagar propinas para conquistar negócios. Além disso, as empresas também estão monitorando muito mais de perto as atividades dos distribuidores, incluindo expressamente nos relatórios internos transações suspeitas ou negócios que foram angariados em circunstâncias questionáveis.

LIMITE A POSSIBILIDADE DE OS LÍDERES TIRAREM PROVEITO PESSOAL, VERIFICANDO EM DUPLICIDADE QUEM CONTRATAM COMO DISTRIBUIDORES

Dois exemplos recentes desse tipo de corrupção são sintomáticos de uma tendência crescente das multinacionais. Um executivo de uma empresa de bens de consumo relatou:

> Não sabíamos por que nosso ex-presidente regional passava tantas vezes pelo escritório, depois de se aposentar. De início, achamos que era porque ele não conseguia desligar-se do trabalho, por se importar com o negócio que construíra durante anos – e lamentávamos que ele não tivesse afazeres com que se ocupar. Porém, acabamos descobrindo que, na verdade, ele estava monitorando

de perto nossas transações com alguns dos grandes distribuidores em nosso território. Ficamos desconfiados e, depois de longa investigação, concluímos que ele era coproprietário de várias dessas empresas – na verdade, ele as cofundara e, depois, desviara milhões para ele mesmo, enquanto dirigia as operações. E queria certificar-se de que o esquema seria mantido.

Outro diretor regional de uma empresa industrial descobriu que três de seus gestores nacionais estavam recebendo propinas dos distribuidores. A mensagem de nossos gestores nacionais para os distribuidores era simples: Renovaremos seu contrato se vocês me pagarem [x] por ano. Isso vinha acontecendo havia muito tempo e explicava por que um de nossos ex-gerentes nacionais conseguiu comprar uma Ferrari!

AVALIE SE FAZ SENTIDO COMPRAR DISTRIBUIDORES LOCAIS

Em mercados de alto crescimento, muitas empresas chegaram à conclusão de que a única maneira de crescer com rapidez é efetivamente assumir a organização do distribuidor e aumentar de modo significativo o controle sobre o negócio. Vários exemplos com que deparei mostram que mais controle sobre o negócio geralmente significa crescimento mais sustentável no médio e no longo prazo e desempenho consistente superior ao dos concorrentes. A aquisição de empresas distribuidoras tende a ser motivada por numerosos fatores, como:

- Relutância ou incapacidade do distribuidor de seguir a nova estratégia de crescimento.
- Desejo ou necessidade do distribuidor de vender o negócio.
- Ameaça do distribuidor de migrar para a concorrência, atraído por melhores ofertas.

Não se trata de estratégia que as empresas devam adotar em todos os mercados, mas apenas em mercados estratégicos. Em termos de potencial de crescimento, é uma abordagem de que poucas empresas se arrependeram.

Embora, às vezes, seja difícil convencer a matriz a fazer o investimento, numerosos exemplos convincentes mostram que os negócios tendem a melhorar em condições de mais controle direto. Esse "controle sobre o negócio" também é considerado fator crítico de sucesso no futuro, à medida que as pressões competitivas aumentam a ponto de se tornarem irreconhecíveis.

SEJA FLEXÍVEL AO ENFRENTAR DESAFIOS DE DISTRIBUIÇÃO

Assegurar distribuição em âmbito nacional que promova de maneira consistente os objetivos de crescimento nos mercados emergentes não é tarefa fácil. Esse é um dos pontos em que a capacidade operacional empurra ou retarda a empresa na marcha para a consecução de seus objetivos. As redes de distribuição geralmente são ineficientes ou tremendamente fragmentadas. Em alguns mercados, como na África Subsaariana, por exemplo, a tarefa de distribuição dos produtos chega às raias do quase impossível.

É por isso que as empresas estão mudando a abordagem e reconhecendo o fato de que em numerosos mercados é preciso ser flexível. Um executivo da indústria de TI ilustra um método compatível com a visão da maioria das empresas hoje.

> Os mercados são tão complexos que uma abordagem isolada não é satisfatória para todas as oportunidades de vendas. Em consequência, estamos usando vários canais. Cuidamos diretamente de numerosos clientes de grande porte, de importância crítica. Muitos outros são atendidos por parceiros locais e por integradores de TI, mas os coordenamos de perto, por meio de nosso próprio pessoal. Em alguns mercados muito amplos, do ponto de vista geográfico como Rússia e Índia, temos até agentes que vendem sob comissão, em territórios onde nossos parceiros e distribuidores locais não estão presentes. E ainda contamos com equipes locais que coordenam e monitoram esses agentes, inclusive para determinar quando estão em condições de tornar-se parceiros ou

distribuidores. A filosofia para o futuro é simples: faremos tudo que dê certo ou qualquer coisa que o mercado exija. Essa é uma mudança importante para uma empresa do nosso porte, que está funcionando muito bem.

FOCO NO FECHAMENTO DE QUAISQUER LACUNAS REFERENTES A ÁREAS GEOGRÁFICAS OU A CLIENTES/CONSUMIDORES

Ao executarem análise adequada da geografia em que operam e da extensão da atual base de clientes, muitas multinacionais encontram lacunas. Em geral, descobrem que não estão igualmente representadas em todas as províncias ou estados nem em cidades secundárias e terciárias. Muitas também se dão conta de que sua presença em áreas rurais é insuficiente. E quando se mapeia toda a extensão de clientes potenciais do país, sempre se identificam enormes lacunas na grande maioria das empresas.

O objetivo estratégico a curto prazo das empresas com que trabalho é concentrar-se no fechamento dessas lacunas. Em parte, esse trabalho é feito diretamente pelas multinacionais, mas os distribuidores e parceiros locais também devem participar do processo. Numerosas empresas B2B criaram recentemente o que um de meus clientes denominou "sala de guerra para mercados emergentes", descrita nos seguintes termos:

> Afixamos grandes folhas de papel nas paredes de nossas maiores salas de reuniões em todos os países e nelas anotamos todo o "universo" de clientes que nossas pesquisas identificaram. Havia muitas lacunas. Nós as assinalávamos em vermelho. Depois de conquistarmos essas áreas, nos as pintávamos de verde. O objetivo estratégico de todos os países em que operamos é esverdear todas as paredes. Felizmente, a sede global está apoiando o projeto e decidiu também financiar as expansões nas áreas. Porém, sem certa profundidade de envolvimento local, grande parte de nossas paredes continuará vermelha.

PRECIFICAÇÃO

AVALIE SUA CAPACIDADE DE CRESCER POR MEIO DO PREÇO

Curiosamente, a maioria das empresas a que presto serviços gera mais lucro que receita nos mercados emergentes, como proporção do lucro global e da receita global, respectivamente. Por exemplo, se a região Oriente Médio, Norte da África responde por, em média, 3% das vendas globais, a mesma área gera 4% do lucro global (em algumas empresas, até mais). Mas essa situação mudará, por pelo menos duas razões. Primeiro, as empresas precisarão reinvestir parcela maior do lucro no negócio, aumentando os gastos com a ampliação da presença local e com a construção da marca. Segundo, a competição crescente aos poucos corroerá as margens locais, não raro muito atraentes.

No entanto, muitos de meus clientes se surpreenderam favoravelmente ao constatarem que em numerosos mercados emergentes a sensibilidade ao preço é às vezes mais baixa que no mundo desenvolvido. Porém, o potencial de precificação precisa ser analisado com mais detalhes. Não estou falando aqui em aumentos de preços generalizados. A precificação deve ser inteligente, mirando alvos específicos, para evitar a reação dos compradores e para não perder posições conquistadas a duras penas. Seja como for, os experimentos nessa área de precificação geralmente produziram resultados admiravelmente positivos.

> "Não me cite a esse respeito, mas nossa estratégia em numerosos mercados emergentes é manter os preços muito altos. Constatamos que em vários de nossos segmentos *premium* os clientes compram mais sempre que aumentamos os preços. É questão de prestígio para muitos residentes locais e agora parte de nosso crescimento nos mercados emergentes decorre de grandes aumentos nos preços", diz o diretor de uma grande empresa de bens de consumo.

SEJA CUIDADOSO COM A PRECIFICAÇÃO QUANDO OS TEMPOS ESTÃO DIFÍCEIS — PRESERVE SUA PARTICIPAÇÃO NO MERCADO

Não raro deparo com empresas que conquistaram mercado, concedendo prazos de pagamento mais longos em épocas de dificuldades econômicas e quando as moedas locais se desvalorizavam temporariamente em relação às moedas fortes. É como disse um diretor regional:

> Concluímos que é muito mais importante preservar e aumentar a fatia de mercado que alienar os distribuidores e clientes em consequência de prazos de pagamento mais curtos, de exigências de pagamento antecipado ou de aumentos de preços com o objetivo de ampliar as margens o curto prazo.

Algumas empresas não podem reagir dessa maneira quando as sedes globais insistem em que o lucro em dólar, euro ou iene fique inalterado. Essa imposição às vezes não deixa outra escolha para os gestores nacionais ou regionais, a não ser aumentar os preços (para gerar as mesmas quantias em dólar ou euro). Um alto executivo de uma empresa agroalimentar relatou:

> Quando as moedas de muitos mercados emergentes caíram em setembro de 2011, rapidamente dissemos ao nosso pessoal de campo para aumentar os preços. Hoje, reconhecemos que foi um erro. Perdemos numerosos clientes nos últimos dois meses na América Latina, na Europa Central e em partes da África. Agora, voltamos atrás na decisão e dissemos a nossos gestores de campo para retornar a níveis de preços aceitáveis para os clientes. Sabemos que as moedas locais se recuperarão e temos condições de aceitar uma redução temporária no lucro em dólar. Tudo isso é muito difícil de explicar à sede.

SE VOCÊ ATUA EM MERCADOS MENOS COMPETITIVOS, PRATIQUE PREÇOS MAIS ALTOS PARA IMPULSIONAR AS MARGENS – AO MENOS ATÉ A CHEGADA DE CONCORRENTES

Hoje, os mercados pouco competitivos são cada vez mais raros e esparsos. Mesmo na África Subsaariana, as margens aos poucos estão ficando mais estreitas, à medida que novas empresas entram no mercado. Mas, ao fazerem o mapeamento competitivo com regularidade (ver Capítulo 2), as empresas constatam que é possível cobrar preços mais altos em certos segmentos, quase sempre por prazo limitado. Portanto, tente aumentar a lucratividade no curto prazo por meio da precificação. A toda hora interajo com executivos ativos na África e muitos deles adotam essa abordagem, uma vez que lá a concorrência ainda é muito limitada em numerosos setores.

CONTROLE OS PREÇOS NOS CANAIS

Somente por meio de presença local intensa e de coordenação estreita com parceiros e distribuidores as empresas terão condições de evitar que os canais de distribuição não manipulem os preços. O pior para as empresas é que seus preços sejam altos demais para os compradores finais, com a consequente perda de participação no mercado. Mas também não devem ser muito baixos, inclusive para preservar a percepção da marca no mercado.

AJUSTE-SE AOS PREÇOS LOCAIS

Já analisei esse aspecto ao tratar da reformulação da inovação (ver começo deste capítulo), mas vale a pena repetir o mantra. É importante dispor de produtos em ampla variedade de segmentos de mercado. Regiões e países não são uniformes. Mesmo nos mercados mais pobres as empresas encontram diversos segmentos em que podem praticar preços diferentes. Para promover o crescimento no médio e no longo prazo, a maioria das empresas acabará competindo em múltiplos segmentos – é só uma questão de tempo.

Um pouco mais de sabedoria no marketing B2B

Executivos que vendem "business-to-business" continuam a enfrentar numerosos desafios importantes nos mercados emergentes em rápida mutação. Aí se incluem: gerar leads de alta qualidade; gerenciar ciclos de vendas voláteis, imprevisíveis e, às vezes, longos e maximizar o valor de cada lead, bem como a retenção e a lealdade dos clientes.

Aos poucos, desenvolve-se o consenso entre as empresas de que, apesar de todos os avanços das mídias sociais, ninguém pode esquecer o quanto os relacionamentos face a face com os principais usuários, com os maiores clientes potenciais e com os melhores leads são realmente importantes. As empresas devem manter contatos face a face a fim de garantir a execução do marketing e a capacidade de fechar negócios. A pergunta que muitas empresas se fazem hoje é: "Será que temos gente suficiente conversando com todos os tomadores de decisões e formadores de opiniões?" A ideia é fomentar relacionamentos com todas as pessoas influentes, nos bons e nos maus tempos.

À medida que os relacionamentos B2B evoluem nos mercados emergentes, constata-se notável mudança de ênfase para mais canais mensuráveis e para menos marketing de massa. Percebo, de uma maneira geral, que está ocorrendo um aumento nos gastos com mídias sociais, com eventos específicos para os clientes, com a otimização de mecanismos de busca, com relatórios sobre determinados temas, com desenhos de sites e com relações públicas, e, ao mesmo tempo, redução significativa nas despesas com mala direta, anúncios impressos e feiras comerciais. As empresas se perguntam cada vez mais se as mensagens de marketing e o material promocional são compatíveis com as necessidades de cada país e, neles, dos diferentes segmentos de mercado, em termos de preço, setor e clientes. Elas querem saber até que ponto as mensagens são diferentes para quem realmente está em busca de soluções e para quem está "meio que" interessado. Numerosas empresas estão orientando as operações de marketing com base em estratégias orientadas para países e até para o nível de clientes. As estratégias estão enfatizando o mensurável. Como será que seu produto pode melhorar a empresa do cliente, reduzir despesas e aumentar a receita? Muitas empresas com que trabalho integram vendas e marketing na mesma tubulação e coordenam as duas mais estreitamente. Muitos executivos me disseram que são rigorosos ao exigirem que os prospectores iniciem o processo de compra muito antes de falarem com vendas, para que o alinhamento da sequência redunde em negócios.

Outras atividades que os profissionais de marketing B2B estão desenvolvendo incluem maior ênfase na excelência em serviços, na busca proativa dos negócios dos concorrentes e na construção de salas de guerra em cada escritório para fechar as lacunas referentes a clientes e a áreas geográficas.

Constata-se ênfase crescente no fomento a leads e na certeza de que em cada país essa atividade seja prioritária em relação a todas as demais. Cada lead nos mercados emergentes representa uma janela de oportunidade que se torna cada vez menor. Os concorrentes são rápidos e as empresas devem empenhar-se em aproveitar cada lead a toda velocidade, explorando na íntegra suas competências.

"Deixamos nossos distribuidores dirigirem nosso marketing e, depois de vários anos de resultados razoáveis, começamos a perder participação no mercado. Depois de reassumirmos o controle, nossa sorte deu uma guinada radical. Em meu escritório, vê-se um pôster com o slogan: 'Não deixe que os distribuidores e parceiros dirijam o marketing.' É um lembrete para quem quer que entre em meu escritório de que jamais, em tempo algum, devemos retomar a trajetória anterior", diz um executivo regional de uma grande empresa de produtos químicos.

Marketing e vendas para governos

Empresas que dependem de negócios com o setor público estão explorando vários aspectos da sabedoria B2B descrita acima, muitos dos quais são perfeitamente aplicáveis. Mas também vejo que algumas delas, embora ansiosas por fazer negócios com os governos, nem sempre investem o suficiente em pessoal especializado. Estou profundamente convencido de que a única maneira de aumentar a participação nos negócios com o setor público é cultivar e preservar relacionamentos pessoais em diferentes níveis do governo. É crucial angariar continuamente a boa vontade das autoridades públicas. E isso não deve consistir apenas em apoiar seus projetos de estimação com doações ou favorecer a imagem delas para os colegas o para o público. Na verdade, tem mais a ver com o desenvolvimento de relacionamentos pessoais autênticos no nível local. Essa é a razão por que muitas empresas dependentes de negócios com o setor público estão investindo tanto na formação de pessoas capazes de desenvolver esses relacionamentos.

Em alguns mercados, como Oriente Médio, China ou Rússia, é notoriamente difícil desenvolver relacionamentos com autoridades públicas, o que requer mais gente para esse propósito. No entanto, muitas empresas ou não têm ninguém nessa área ou nomeiam três ou quatro embaixadores, lotados em escritórios centrais regionais ou na sede global, que passam a maior parte do tempo voando entre diferentes países, onde ficam poucos dias de cada vez. Até pouco tempo atrás, isso era suficiente. Não mais. Hoje, os relacionamentos devem ser desenvolvidos em nível local. Também faz sentido usar vários canais diplomáticos para abrir portas em vários gabinetes governamentais.

CAPÍTULO 4

A SABEDORIA DOS RECURSOS HUMANOS PARA O FUTURO*

> Persista. Nada no mundo substitui a persistência. Nem o talento; nada é mais comum que talentosos malsucedidos. Nem a genialidade; gênios fracassados são quase proverbiais. Nem a educação; o mundo está cheio de sem-teto educados. A persistência e a determinação sozinhas são onipotentes.
>
> *Calvin Coolidge*

TODOS OS EXECUTIVOS CONCORDAM que acertar a equação dos recursos humanos nos mercados emergentes é fundamento extremamente importante para promover o crescimento sustentável e para superar o desempenho dos concorrentes. Ganhar a guerra por talentos nos mercados emergentes é mandamento estratégico. A maioria das empresas agora se dá conta de que o pool de trabalho está deixando de ser apenas capacitador do crescimento (por meio da disponibilidade de pessoal abundante e barato), para transformar-se em indutor do crescimento (por meio do desenvolvimento do know-how e das habilidades do pessoal). No fim das contas, as empresas só serão capazes de vencer os concorrentes e de crescer de maneira sustentável nos mercados emergentes se recrutarem e cultivarem pessoas ótimas.

Porém, as dificuldades em preparar recursos humanos para o futuro são enormes. A competição por talentos está aumentando em praticamente todos

---

* Este capítulo foi escrito com a colaboração de Sanja Haas (questões referentes à estratégia e retenção de recursos humanos) e Antonija Pacek (desenvolvimento da criatividade nas organizações). Ver no início do livro a biografia das colaboradoras do capítulo sobre Recursos Humanos.

os mercados emergentes e, a exemplo dos produtos competitivos, está brotando em todos os cantos. As multinacionais de mercados emergentes cooptam pessoal dos concorrentes e o remuneram acima da média do mercado. A oferta é baixa e a demanda torna-se cada vez mais acirrada em quase todas as regiões emergentes (exceto nos mercados da Europa Central e Oriental, afetados pela desalavancagem que descrevi no último capítulo, ou em poucos mercados do Mundo Árabe, impactados pelas rupturas da "Primavera Árabe"). Nenhuma empresa pode dar-se ao luxo de perder a batalha por talentos nos mercados emergentes de hoje.

As empresas da atualidade enfrentam numerosos desafios de RH nos mercados emergentes. É hora de repensar de maneira holista e global as práticas vigentes de RH e os critérios de avaliação dos empregados. O objetivo é criar condições para que as empresas manejem suas dificuldades, se destaquem entre os concorrentes e superem em escala global todas as competidoras que não se posicionarem na vanguarda de abordagens de RH reformuladas, inovadoras, revolucionárias e plenamente integradas no cerne da organização. Aqui se incluem:

- Recrutamento criativo.
- Estratégias de retenção singulares.
- Foco intenso no aprendizado e no desenvolvimento de talentos, sob a perspectiva de retorno sobre o investimento.
- Inclusão da criatividade e da inovação no topo da agenda de desenvolvimento dos indivíduos e da organização.

Este capítulo examinará cada uma dessas áreas, explorando por que é importante tratar todas elas de maneira holista e integrada e como cada uma se relaciona com questões de RH de pessoal de escritório nos mercados emergentes.

TENDÊNCIAS EM RECRUTAMENTO

SEJA CRIATIVO AO RECRUTAR E CONTRATAR

À medida que se acirra a competição por talentos, é preciso superar os concorrentes na busca das pessoas certas. Hoje, as empresas estão recorrendo a múltiplos canais para descobrir os melhores e os mais brilhantes, apresentando-lhes propostas difíceis de recusar (mais adiante, encontra-se mais sobre como reter pessoal). Além dos processos tradicionais adotados por grandes nomes globais em caça de talentos, as empresas também estão usando, cada vez mais, uma combinação de headhunters regionais ou puramente locais, que conhecem profissionais muito familiarizados com os mercados locais e têm currículo nesses contextos. Número crescente de empresas acha que precisa estender a procura para o âmbito global, se está à procura de líderes experientes de alto nível. Vejo empresas em busca de falantes de árabe na Austrália, perguntando-lhes se estão dispostos a morar e a trabalhar em Dubai. Vejo emigrantes russos residentes no Canadá serem convidados para regressar ao país de origem. Vejo brasileiros nos Estados Unidos recebendo chamados para voltar ao Brasil. A busca pelos melhores e mais brilhantes é hoje exercício local, regional e global – tudo ao mesmo tempo.

Os departamentos internos de RH estão, cada vez mais, monitorando os principais gestores de empresas concorrentes e avaliando seu desempenho a distância. A ideia é identificar poucos indivíduos de alto nível que poderiam ser cooptados quando necessário. As empresas consideram esse procedimento mais confiável que pesquisar CVs quando se inicia a busca. Além disso, com frequência crescente, recrutam em excesso para evitar lacunas capazes de comprometer o ímpeto do crescimento. Tendem também cada vez mais a esperar pela pessoa certa, em vez de partir em busca de alguém com muita precipitação, aumentando os riscos de incompatibilidades.

BUSQUE EMPREENDEDORES E "MESTRES EM CRIAÇÃO DE NEGÓCIOS"

Que tipos de critérios estão sendo usados para garantir que se consegue a pessoa certa, capaz de promover o crescimento futuro? As condições estão mudando também nessa seara. À medida que as empresas, cada vez mais, transferem atribuições e responsabilidades para o pessoal local, elas se dão conta de que os líderes no nível de país, por exemplo, também devem ser empreendedores. *"Queremos que essas pessoas se sintam como donos do negócio, pois estamos descentralizando muitas funções e delegando mais autoridade e liberdade de ação ao pessoal local"*, afirma um diretor de RH global de uma grande empresa de produtos de consumo eletrônicos.

As empresas que pretendem ampliar sua presença local estão concebendo novas maneiras de testar e avaliar a capacidade empreendedora dos candidatos. Ao mesmo tempo, não devem cair na ilusão de que realmente contratarão empreendedores genuínos. Os verdadeiros estão em campo, dirigindo seus próprios negócios e ganhando milhões – e detestam receber ordens. Não se disporão a acomodar-se na vida empresarial em nenhuma hipótese. Por outro lado, as empresas hoje estão extremamente cuidadosas para não terminar com o que um de meus clientes austríacos denomina "Corporate *Beamten*", que em tradução livre significa "pessoa que trabalha para organizações de negócios, mas que se comporta como servidor público ou empregado de entidade sem fins lucrativos".

Analise os antecedentes dos candidatos e o modo como contribuem para o crescimento, de maneira consistente, ao longo do tempo. Examine se são apenas bons cortadores de custos ou se efetivamente têm experiência em aumentar a receita, em vez de apenas reduzir as despesas. Certifique-se de que não são o tipo de pessoa que maximiza o lucro durante dois ou três anos e, então, parte para outra função, para outra empresa ou até para outro país. Verifique, em profundidade, como se promoveu o crescimento da receita. Procure quem já passou por treinamento em liderança de alto nível, que os teria preparado para trabalhar com pessoas. Busque o que denomino MBCs (Masters of Business Creation – mestres em criação de negócios) em vez de MBAs. (A propósito: já é hora de as escolas de negócios começarem a produzir MBCs, além de MBAs.)

A atitude dos candidatos importa mais que nunca. Aqueles com experiência devem demonstrar capacidade de realização, o tipo de atitude "sim, podemos". Os altos executivos também notam que os candidatos familiarizados com uma região ou país e com um setor de atividade tendem a sair-se melhor que os não familiarizados. A fluência no idioma local é fundamental em posições de liderança.

DESENVOLVA TALENTOS LOCAIS

Os expatriados são espécie em extinção, a não ser que se enraízem na cultura local, aprendam a língua e queiram viver na área durante muito tempo. Os mandatos de diretores, de curto prazo, com três anos de duração, por exemplo, em outros países são algo que as empresas estão evitando cada vez mais, por pelo menos duas razões.

Primeiro, as incumbências pouco duradouras tendem a criar incentivos para que os líderes nacionais promovam grande aumento do lucro nos respectivos mercados, no intuito de turbinar as próprias carreiras. No entanto, infelizmente, o impulso do lucro muitas vezes é conseguido em detrimento dos objetivos do negócio no longo prazo. "Quase qualquer tolo é capaz de turbinar o lucro no curto prazo, mas quais serão as consequências de suas iniciativas no médio e no longo prazo?", pergunta um executivo regional.

Segundo, às vezes, no momento em que começa a familiarizar-se com o mercado e com a língua, o gestor é transferido para outra localidade. Essa abordagem não é eficaz na construção de resultados consistentes e sustentáveis em mercados traiçoeiros. Lembre-se de que o essencial é fomentar relacionamentos. Exatamente quando os principais clientes, as autoridades públicas e o pessoal interno se acostumam com o líder nacional, ele vai embora. A empresa perde a tão necessária continuidade.

Ao mesmo tempo, os expatriados oferecem algumas vantagens, sobretudo em grandes mercados estratégicos, que devem ser os motores do crescimento em termos absolutos e percentuais. Os CEOs gostam de nomear empregados de confiança, com longo tempo na empresa, para essas posições estratégicas, o que é absolutamente compreensível. Mas hoje as empresas estão tentando prolongar o mandato desses expatriados, para que fiquem no país ou região durante pelo menos cinco ou seis anos, ou, tanto quanto possível, ainda mais tempo. E esses expatriados são incumbidos de preparar, como mentores, seus substitutos locais.

APROVEITE O PESSOAL INTERNO DOS MERCADOS DESENVOLVIDOS

As empresas, cada vez mais, estão recrutando os melhores empregados em seus próprios escritórios nos países de origem. Com o mundo desenvolvido enfrentando dificuldades crescentes e o desenvolvimento se deslocando para outros lugares, muitas empresas estão tomando a iniciativa de transferir alguns de seus empregados, ansiosos por ação e crescimento, para regiões emergentes. Algumas empresas tiveram de reduzir o tamanho de suas operações no mundo desenvolvido, nos últimos anos, mas, ao mesmo tempo, não queriam perder as pessoas em que investiram tanto. E não foram poucos os profissionais que se sentiram felizes ao se depararem com essas oportunidades. No mundo desenvolvido, alguns gestores estão entediados em seus mercados estagnados e não mais toleram a mentalidade conservadora do "proteja o que temos". Muitos prefeririam viver e trabalhar em ambientes mais dinâmicos. Nessas condições, as empresas estão tentando identificar os empregados capazes e desmotivados, para oferecer-lhes oportunidades em mercados "menos enfadonhos".

PRECISA-SE DE ABORDAGEM MAIS PROATIVA EM RELAÇÃO AOS JOVENS

Algumas empresas insistem em promover o próprio pessoal, por meio de recrutamento interno, e, portanto, atribuem enorme ênfase ao recrutamento de recém-formados ou, tanto quanto possível, até de estudantes antes da formatura. Porém, até nas empresas que recrutam pessoal experiente e inexperiente, o processo de seleção de calouros também está avançando em velocidade acelerada e se tornando mais criativo.

O objetivo, desnecessário dizer, é escolher os melhores entre os melhores, antes de entrarem no mercado de trabalho. Numerosas empresas estão estreitando os vínculos com universidades, na tentativa de identificar os mais capazes e os mais promissores, tão cedo quanto possível. Oferecem bolsas de estudo, contratam os estudantes como estagiários, com pagamento atraente, os incluem em equipes de projeto, como fontes de sangue novo e de ideias criativas. Em geral, alguns recebem ofertas de emprego antes da formatura. Na guerra implacável por talentos nos mercados emergentes, é importante formar um pool de jovens brilhantes como fonte de recrutamento.

APROVEITE AS FASES DE RECESSÃO PARA ESCOLHER OS MELHORES

Nas épocas de dificuldade econômica, é importante manter-se atento em relação às pessoas que foram demitidas por empresas que fecharam instalações ou cortaram pessoal competente para proteger os resultados trimestrais. Hoje, muitos desses profissionais podem ser encontrados nos países desenvolvidos ou em alguns mercados deprimidos, de baixo crescimento, da Europa Central e Oriental. "Algumas joias raras estão disponíveis no momento. Estamos empenhados em descobrir pessoas com habilidades e experiências que nem sempre temos em nossa organização, como dirigir empresas com produtos e serviços para consumidores mais sensíveis aos preços, por exemplo, ou que têm muita tarimba em mercados realmente difíceis ou menores", disse um diretor regional da indústria de TI.

CONTRATE MESMO QUANDO NÃO PRECISAR DE NINGUÉM

Nos últimos anos, percebi que muitas empresas mais voltadas para o longo prazo, em busca de crescimento consistente em mercados emergentes, contratam pessoal mesmo quando não precisam de ninguém. Embora adotem novas estratégias de retenção bem elaboradas (veja o próximo tópico sobre práticas de retenção), executivos experientes ainda observam que a rotatividade de pessoal nos mercados emergentes dinâmicos continua acima da média dos países desenvolvidos, o que não é nem um pouco surpreendente, quando se considera a tremenda demanda e a oferta quase sempre inadequada de indivíduos de alto nível.

Muitas empresas estão sempre em busca de novatos para juntar-se às suas organizações, às vezes apenas para participar de um programa de treinamento ou de uns poucos projetos especiais.

> "Estimamos que, quando a pessoa já tiver ganhado alguma experiência conosco, alguém terá ido embora. Portanto, em vez de perder tempo procurando substitutos, formamos um pool de indivíduos talentosos e treinados, já familiarizados com a nossa empresa e os nossos produtos", diz um diretor de RH de uma grande multinacional.

O objetivo final desse exercício é evitar que certas iniciativas de crescimento enfrentem dificuldades até se encontrar um substituto. Outro executivo afirma:

A competição é tão intensa que não podemos perder tempo. A última coisa que quero é não cumprir um objetivo trimestral porque durante algum tempo fiquei sem alguém em alguma posição importante. Se eu não cumprir as metas do trimestre, é possível que me peçam para reduzir custos, sem diminuir a receita, apesar do corte de recursos. É uma dor de cabeça que não me interessa, razão por que adoto a política deliberada de contratar pessoal em excesso. Acho que é uma tremenda vantagem competitiva e fator importante para produzir crescimento consistente.

ESTRATÉGIAS DE RETENÇÃO

A RETENÇÃO DAS MELHORES PESSOAS É A CHAVE DO SUCESSO – SE NECESSÁRIO, ROMPA E MUDE AS REGRAS DA MATRIZ E EXECUTE COM EXATIDÃO

A retenção é um dos desafios de RH que dominam todas as minhas conversas sobre "pessoal" com altos executivos em muitos mercados emergentes. E a situação está piorando: embora o pool de gestores bem treinados esteja crescendo, o aumento da oferta não acompanha a demanda crescente. As multinacionais estão ficando mais agressivas nos mercados emergentes e continuam contratando mais pessoas; porém, esse também é o caso de muitas empresas locais e de muitas multinacionais de mercados emergentes. E o preço dos profissionais (sobretudo dos melhores gestores e líderes) está subindo e continuará a subir em muitos mercados em crescimento acelerado.

Para elaborar boa estratégia de retenção, as empresas precisam primeiro compreender tanto a equação da retenção em cada mercado emergente quanto os vetores-chave para manter as pessoas em certas regiões. Um executivo resume bem a situação em certos mercados aquecidos:

Meus gerentes em certos países estão recebendo melhores ofertas o tempo todo. A maioria de nossos concorrentes está aumentando ou pretende aumentar a presença [em nossos mercados].

A maneira mais fácil de abrir um escritório local é contratar pessoas como as nossas, que treinamos durante anos e que conhecem o setor, os contatos e os atores. Os concorrentes estão buscando crescimento rápido e não têm tempo a perder com expatriados que precisarão de um ano ou dois para começar a produzir. Pela mesma razão, não querem novatos de outros setores. E, ao chegarem, apresentam aos nossos gerentes propostas tão boas que eles têm dificuldade em recusar.

Nessas condições, o que as empresas devem fazer para aumentar a retenção do pessoal? Meu conselho é primeiro mudar a mentalidade interna. Esqueça as regras que se aplicam aos Estados Unidos, à Europa Ocidental ou ao Japão. Aceite que seu diretor financeiro em Moscou, em São Paulo ou em Istambul pode ser mais caro que o de Estocolmo, de Houston ou de Osaka. Admita que é preciso pagar de acordo com a oferta e procura locais, em vez de conforme escalas de salários aplicáveis a todo o mundo. Reconheça que o diferencial de preços pode até ampliar-se nos próximos anos.

O mesmo se aplica aos aumentos salariais. Muitas empresas ainda adotam diretrizes globais quando chega a época das revisões anuais, como a de não conceder aumentos reais acima de 3%. Outras dizem aos gestores regionais: "Você pode aumentar o custo salarial total de todo o staff em 2,83% – mas decide quem recebe mais e quem recebe menos." No entanto, isso é totalmente inútil e prejudicial à retenção em muitos mercados emergentes, onde os salários podem subir algo entre 5% e 20% (ou ainda mais, se a taxa de inflação for muito alta) por ano, em média.

O principal ponto aqui é compreender o seguinte: para manter o pessoal-chave, os salários da empresa deverão ser compatíveis com a oferta e a demanda locais, e os aumentos salariais para a correção de defasagens serão inevitáveis. Esse é o fundamento da boa retenção de pessoal. Evidentemente, há outros fatores, mas quem errar nesse primeiro poderá fazer o que quiser em relação aos outros e ainda assim perderá proporção considerável dos melhores profissionais.

A realidade de que os custos de RH nos mercados emergentes estão ficando aquecidos demais é ilustrada pelo breve caso seguinte, de um de meus clientes mais tradicionais:

Na mesma semana, dois de meus gestores nacionais me procuraram com a mesma mensagem: haviam sido abordados por conglomerados locais, que lhes ofereceram o dobro da remuneração atual. Ambos os executivos eram realizadores extraordinários e, para minha grande preocupação, dirigiam dois grandes mercados estratégicos – Rússia e África do Sul. Os dois eram empregados antigos, aos quais pretendíamos recorrer no futuro próximo para impulsionar o crescimento na Comunidade de Estados Independentes e na África Subsaariana. Não podíamos perdê-los, pois eram importantes demais. Ambos disseram que aceitariam a oferta se não propuséssemos algo parecido. Eu compreendia que a tentação era grande demais. Disse-lhes que a matriz dificilmente concordaria, mas prometi que tentaria oferecer-lhes salários superiores ao meu. Poucas semanas depois, ao explicar a situação nos Estados Unidos, tive uma boa surpresa, quando o novo CEO (que, durante muito tempo, trabalhara na Ásia e na Europa Oriental e compreendia o que eu estava falando) concordou em dar-lhes 85% do que queriam em salário-base, mais um tremendo incentivo a longo prazo se ficassem conosco durante cinco anos, e ainda mais se passassem dos 10 anos. Estou feliz em afirmar que os dois continuaram conosco. Hoje, estamos adotando o mesmo procedimento, regularmente, com nossos melhores profissionais. Com esses dois gestores, estamos em vias de superar as metas de crescimento.

Essa pequena história mostra que, ao quebrarem as regras da matriz sobre salários e incentivos (sobretudo de médio e longo prazos), as empresas podem auferir grandes benefícios em termos de crescimento e lucro, a custo relativamente baixo. Em ambos os casos, o investimento foi pouco superior a meio milhão de dólares em desembolso de caixa inicial, enquanto os ganhos em vendas superaram a casa dos US$100 milhões por ano. Nenhuma empresa que almeje sucesso mais sustentável em mercados emergentes prejudicaria o plano de crescimento em troca de poucas centenas de milhares de dólares. Fosse como fosse, quantia semelhante seria gasta com a reposição dos demissionários.

LEMBRE-SE DE QUE OS CUSTOS DE REPOSIÇÃO SÃO ALTOS – ACERTE NAS ESTRATÉGIAS DE RETENÇÃO

Os custos diretos de substituir um empregado abrangem anúncios, honorários de headhunters e outros, para não falar nas despesas com os substituídos. O total pode chegar ao equivalente a seis meses de salário para empregados horistas e de 150% a 250% do salário para posições de vendas ou administração. Mais importante, os custos diretos de reposição são apenas a ponta do iceberg. Também há custos indiretos, como interrupção dos serviços, perda de conhecimento pela empresa e impacto adverso sobre o moral do grupo em torno do demissionário. Esse tipo de ruptura, na verdade, é mais intenso nos mercados emergentes que nos países desenvolvidos, em virtude da preponderância, naqueles, de tipos de negócios baseados em relacionamentos. Embora de difícil quantificação, esses efeitos são reais e comprometem os resultados da empresa.

Tendo em vista essa oportunidade de economias, a empresa pode justificar as despesas com a estratégia de retenção e desenvolvimento, que não só manterá talentos valiosos na organização, mas também preservará o alto nível de satisfação e de motivação do pessoal. Parte desse dinheiro também pode ser reinvestido no desenvolvimento ainda maior dos talentos da empresa, promovendo, assim, sua capacidade de produzir resultados admiráveis.

As empresas devem fazer pesquisas de remuneração nos países onde têm pessoal ou onde plantaram alguém nos escritórios dos distribuidores. Cada vez mais, esses estudos são feitos pelo menos duas vezes por ano, pois em certos mercados os níveis de remuneração não raro dão saltos repentinos – às vezes em consequência de demanda superaquecida, outras vezes em virtude de inflação mais alta (e não raro em decorrência da conjugação das duas causas).

NECESSIDADES DOS EMPREGADOS

Qual é o objetivo da estratégia de retenção? A estratégia de retenção deve ser elaborada para promover a lealdade dos empregados. Sobretudo nos mercados em desenvolvimento, as empresas em geral acreditam que os empregados vão embora porque podem receber incentivos financeiros mais altos em outras empresas – ou seja, os empregados seriam "venais". E, evidentemente, essa crença quase sempre é verdadeira. Se as empresas não quiserem entrar em guerra salarial, poucas serão as chances de reter empregados.

Em muitos casos, contudo, o salário mais alto numa nova empresa às vezes só atrai os empregados que estiverem "abertos" a outras ofertas – isto é, aqueles que, por algum motivo, se sentem desconectados da missão, dos valores e da liderança da empresa ou que estão insatisfeitos com a administração (esse segundo motivo é realmente importante em muitos mercados emergentes). Para reter os empregados, o bom relacionamento entre administração e empregados deve ser construído de maneira proativa e consistente, para que o pessoal não se interesse pelas propostas de outros empregadores.

Um referencial simples pode ser útil para explicar a maneira como o desenvolvimento da lealdade se encaixa na "hierarquia das necessidades dos empregados".

Na base da pirâmide, encontra-se o salário. Esse nível de conexão se relaciona com a capacidade dos empregados de "pagar as contas". A remuneração em dinheiro deve ser corrigida em termos absolutos para que os empregados queiram continuar na empresa.

No segundo nível se situa o conjunto de benefícios tradicionais. A tradição varia de mercado para mercado, mas, em geral, inclui refeições, assistência médica, seguro, automóvel e outros itens. Como o salário, também esses componentes devem corresponder pelo menos a um nível básico, para que os empregados não fiquem insatisfeitos com a empresa. Contudo, como geralmente esses tipos de benefícios se baseiam em padrões que servem de referência constante, eles se tornam comuns e, com o tempo, se convertem em fatores higiênicos, deixando de serem fatores motivacionais, ou seja, algo especial que diferencia o relacionamento entre a empresa e os empregados.

No terceiro nível, encontram-se os benefícios e programas personalizados. Esse conjunto de iniciativas diferencia a empresa em relação às congêneres e permite que os empregados personalizem a proposta de valor. A capacidade de customização também significa que o pacote de benefícios pode evoluir para adaptar-se às mudanças nas necessidades dos empregados, aprofundando continuamente o engajamento e a motivação.

No topo da pirâmide concentra-se um conjunto de comportamentos que definem os relacionamentos pessoais dentro da empresa. Esses componentes são realmente pessoais e sensíveis à cultura e incluem aspectos tão grandes ou tão pequenos como o tipo de relacionamento do gerente com os empregados. Por exemplo, na China é importante que o gerente pergunte sobre a família do empregado e que considere com seriedade concessões e benefícios especiais relacionados com as circunstâncias familiares. O fator crítico dessa parte da pirâmide é conhecer os empregados e interagir com eles de maneira a encantá-los. A felicidade dos empregados resulta não só em redução da rotatividade, mas também em aumento da motivação. A baixa rotatividade e a alta motivação levarão a níveis mais elevados de produtividade e, portanto, a melhores resultados para a empresa.

OFERECENDO BENEFÍCIOS, IMPULSIONANDO A MOTIVAÇÃO E A PRODUTIVIDADE

Surge, então, a questão de como formular uma PVE (Proposta de Valor para os Empregados), que produza ótimos resultados em termos de engajamento do pessoal e que impulsione a empresa para a realização de seus objetivos. Quando executada de maneira correta, um conjunto de benefícios muito valorizados pelos empregados não só fortalece a lealdade para com a empresa, mas também reforça a satisfação e a motivação dos empregados, o que redunda em maior produtividade. As empresas precisam identificar um pacote de benefícios capaz de, ao mesmo tempo, aumentar a lealdade para com a organização e melhorar o desempenho no trabalho.

Os empregadores podem diferenciar-se dos concorrentes por meio de benefícios financeiros e não financeiros, que precisam variar entre diversas localidades, porquanto o que é importante aqui nem sempre é valioso ali ou acolá. Um programa para ajudar os empregados a conseguir empréstimos hipotecários pode ser enorme motivador. No entanto, em países onde o crédito habitacional é de fácil obtenção e as moradias são relativamente baratas, ofertas desse tipo talvez sejam consideradas irrelevantes. Em alguns mercados, as empresas oferecem opções sobre ações mesmo para pessoal situado em nível relativamente baixo na hierarquia organizacional. Outras fornecem bolsas de estudo para os filhos ou concedem financiamentos para desconto na folha de pagamento ao pessoal-chave, vinculados a outros tipos de compras. Em algumas localidades, as empresas fornecem carro a empregados muito jovens, pois esse benefício é muito valorizado no mercado local.

Os benefícios e programas também precisam ser flexíveis, permitindo que os empregados escolham em um menu os que mais se adaptam às suas necessidades, à medida que elas evoluem ao longo do tempo. Por exemplo, a flexibilidade do horário de trabalho pode ser importante quando o empregado tem filhos pequenos ou cuida de idosos em casa, mas talvez seja menos relevante durante outras fases da vida. Outros benefícios são valorizados apenas em certos países: por exemplo, os períodos sabáticos e o teletrabalho estão ficando cada vez mais atraentes na Índia, enquanto o treinamento em habilidades de liderança é bem-visto na China. Além disso, parece que, de uns tempos para cá, o *luoci*, "naked resignation" ou "renúncia a descoberto" (demitir-se do emprego sem ter nada em vista em termos de outra atividade remunerada), torna-se cada vez mais comum entre os empregados chineses – isto é, esses jovens profissionais deixam o trabalho apenas para "descansar", na medida em que se sentem "exaustos". Em consequência, políticas de recursos humanos que favoreçam equilíbrio entre vida pessoal e vida profissional tornam-se cada vez mais atraentes e podem transformar-se em importante vantagem competitiva no futuro próximo.

O modo mais fácil de esclarecer o valor de diferentes benefícios é perguntar aos empregados, de maneira direta ou indireta, ou lançar programas-piloto. Logo se conclui se o pessoal prefere serviços de "concierge" ou refeições "gourmet". A criatividade é fundamental, assim como o reconhecimento de que nem sempre a empresa precisa financiar o programa. Às vezes, os empregados não se incomodam em pagar por serviços que lhes são oferecidos e demonstram alto nível de satisfação por disporem deles "na ponta dos dedos". Sensibilidade e experimentação possibilitam que se compreenda melhor que benefícios resultam em mais motivação e em mais produtividade.

Também é importante manter a flexibilidade e a adaptação contínuas do menu de benefícios. Alguns benefícios e programas, extremamente oportunos e desejáveis em certas épocas, podem perder a atratividade com a mudança da conjuntura. Portanto, a composição de um pacote de benefícios não é exercício definitivo, que se faz uma única vez, mas atividade contínua do trabalho de RH.

Esses benefícios e programas nem sempre são de natureza financeira. O envolvimento do empregado no planejamento e no desenvolvimento de sua carreira pode ser poderoso motivador. As pessoas se sentem mais seguras quando têm um plano de desenvolvimento profissional – inclusive com perspectiva de possíveis promoções na organização. Certificar-se de que os empregados conhecem e compreendem suas oportunidades de carreira funcional e de crescimento pessoal é fundamental para a satisfação e motivação dos empregados.

ESTRATÉGIAS DE RETENÇÃO E DE PERSONALIZAÇÃO

A reconsideração dos custos da rotatividade e dos benefícios da retenção permitirá que a empresa opte por investir numa estratégia de retenção. A revisão dos relacionamentos da empresa com os empregados, sob as lentes da retenção, levará a um conjunto de práticas destinadas a atrair e a reter pessoal motivado e produtivo. Essas práticas podem ajudar a empresa a vencer nos mercados emergentes. Contudo, para maximizar o sucesso, elas precisam ser combinadas com o "conceito de parceiro" – estratégia de desenvolvimento que se concentra nas necessidades tanto da empresa quanto dos empregados.

"Personalização" é o principal conceito unificador numa estratégia de retenção e desenvolvimento. A força de trabalho já não pode ser vista como mercadoria homogênea ou commodity – os empregados devem ser considerados e tratados como indivíduos, com necessidades e desejos singulares. A elaboração de estratégias empresariais ao mesmo tempo escaláveis e ajustáveis será o "ponto ótimo", a exemplo do "sweet spot" da raquete de tênis, a ser alcançado pelas empresas, como condição para vencer a guerra por talentos.

Embora cada um desses conceitos seja crucial nos mercados em desenvolvimento, eles também são facilmente aplicáveis a qualquer outro. À medida que aumenta a participação da "Geração Y" na força de trabalho, o conceito de personalização da experiência do empregado será fundamental para que as empresas se diferenciem das demais. Portanto, o desenvolvimento de uma estratégia de pessoal para os países em desenvolvimento pode oferecer oportunidade de aprendizado para a empresa inteira e, portanto, de elaboração de uma estratégia vencedora em escala global.

CERTIFIQUE-SE DE CONHECER REALMENTE BEM OS EMPREGADOS

Um diretor regional de uma das maiores empresas de produtos químicos do mundo me disse:

> Temos o lema interno de conhecer nossos clientes, mas só conhecíamos nossos empregados nos escritórios de mercados emergentes depois das entrevistas de saída. Agora, entrevistamos sistematicamente nosso pessoal nos mercados emergentes enquanto estão trabalhando na empresa, para termos a certeza de acompanharmos tanto quanto possível seus níveis de satisfação e de motivação, assim como suas necessidades mais prementes. A partir da adoção dessa prática, cerca de três anos atrás, a retenção melhorou, em parte porque nos levou a perceber que estávamos pagando pouco em certos mercados. Também criou condições para que identificássemos e substituíssemos os maus líderes em nível de país.

CULTIVE A MENTALIDADE DE GESTÃO DE ATIVOS

Reforce com iniciativas estratégicas e recursos financeiros afirmações como "as pessoas são nosso principal ativo", ou como disse Reichheld & Teal: "Precisamos ver as pessoas como ativos. A perda de ativos é inaceitável. O capital humano, ao contrário de outros ativos, não se deprecia com o tempo. Na verdade, melhora com a idade."

E os ativos precisam ser desenvolvidos. Em média, as empresas hoje gastam 5% do faturamento com P&D. Em 2010, considerando apenas as maiores empresas globais nos setores farmacêutico, automobilístico, de biotecnologia e de equipamentos técnicos, os gastos com P&D chegaram a US$200 bilhões, apenas nesse segmento restrito. Compare-se esse número com o investimento total de US$70 bilhões, feito pelas empresas globais em educação executiva no mesmo período. Portanto, do ponto de vista puramente quantitativo, esse investimento em treinamento de pessoal fica abaixo do nível clássico dos gastos com P&D, marginalizando a intenção estratégica de investir no desenvolvimento do principal ativo das empresas, isto é, as pessoas. Portanto, mudar essa mentalidade é uma exigência crucial.

Segundo, a segregação e a comunicação transparente da destinação de certa porcentagem do faturamento anual para o desenvolvimento de pessoas enviarão a mensagem certa aos empregados e às principais partes interessadas sobre a intenção da empresa de aumentar os investimentos em recursos humanos (e, portanto, de "azeitar" a organização com vistas ao crescimento no futuro) para nível no mínimo compatível com os investimentos em P&D de produtos, serviços ou tecnologia. Finalmente, também é primordial ser muito claro sobre os benefícios estratégicos e sobre os objetivos específicos do desenvolvimento.

Por que elaborar uma estratégia de desenvolvimento? Em nível estratégico, a necessidade de desenvolver talentos torna-se prioritária em si e por si. Em nível operacional pragmático, a mera retenção e motivação dos empregados não gerará de pronto, diretamente, resultados financeiros – mas as empresas precisam estar na linha de frente do desenvolvimento do negócio e do setor, "aprimorando" o conjunto de habilidades da força de trabalho, mormente em mercados emergentes altamente dinâmicos. Além disso, como as empresas não raro constatam que os sistemas de educação local não estão oferecendo as habilidades certas, as alternativas são tentar o impossível, com a mão de obra disponível, ou selecionar com base no potencial, no intuito de (e com os fundos necessários para!) desenvolver os novos recrutas internamente.

OBJETIVOS DA ESTRATÉGIA DE DESENVOLVIMENTO

Qual é o objetivo da estratégia de desenvolvimento? A estratégia de desenvolvimento deve destinar-se a garantir que os indivíduos tenham as habilidades certas, no momento certo, no lugar certo e ao custo certo. Em consequência, ela deve ser planejada com muito cuidado, em termos tanto de necessidades a serem atendidas quanto de produção dos resultados almejados, sob a perspectiva das demandas do negócio no presente e no futuro. A estratégia de desenvolvimento não raro também atua como grande fator de motivação – por exemplo, a pesquisa mostra que o benefício mais valorizado pelos empregados da Geração Y, faminta de conhecimentos, é treinamento e desenvolvimento.

O plano de desenvolvimento da empresa pode ser elaborado em torno de estrutura muito simplista, composta de três fases:

- Analisar as necessidades.
- Decidir o que, como e onde desenvolver.
- Elaborar plano de recompensas e reconhecimento.

Analisaremos esses pontos um de cada vez.

Analisar as necessidades

O processo começa com a formação de mentalidade que aceite o recrutamento com base no potencial, em vez de pelo critério das habilidades, uma vez que o sistema interno de desenvolvimento de pessoal garantirá que os novos recrutas estejam preparados e atuantes em pouco tempo. Essa abordagem ajudaria a atenuar as pressões sobre os esforços de recrutamento na Índia, no Brasil e no Oriente Médio, por exemplo, onde a prontidão da força de trabalho é baixa.

Em seguida, as empresas precisam identificar, com visão crítica e objetiva, as habilidades técnicas, funcionais e interpessoais, inclusive capacidade de liderança, consideradas críticas, do ponto de vista genérico, aplicáveis a toda a força de trabalho, e em termos específicos, como requisitos de diferentes posições e unidades de negócios – tanto no presente quanto nos próximos cinco anos.

O passo final envolve a compreensão das capacidades internas – é possível promover o desenvolvimento no âmbito interno, sob uma perspectiva global (não meramente local)? Por exemplo, temos a configuração e os recursos necessários, em escala global, ou precisamos recorrer a fornecedores externos? Estes últimos serão mais difíceis de encontrar na maioria dos mercados emergentes, em consequência das limitações de qualidade e de disponibilidade dos fornecedores locais. Contudo, quando se cultiva a mentalidade de gestão de ativos, a adoção da perspectiva global pode mostrar-se drasticamente diferente, em oposição a concentrar-se nos recursos locais.

Decidir o que, como e onde desenvolver

Capacidade de liderança e habilidades interpessoais têm muito a ver com a cultura organizacional global ("como as coisas são feitas aqui e de acordo com que princípios"), enquanto as habilidades funcionais e técnicas são determinadas pelo conteúdo e pelas necessidades do trabalho. Algumas habilidades são mais bem desenvolvidas no próprio exercício da função, enquanto outras são aprendidas com mais eficácia em ambiente de sala de aula. Além disso, o desenvolvimento precisa ser ajustado às especificidades do país (por exemplo, quais são as normas trabalhistas a serem observadas durante o treinamento dos empregados no Brasil), bem como às carências e aos interesses específicos dos empregados (por exemplo, a Geração Y provavelmente considerará o uso de jogos como ferramenta de desenvolvimento extremamente atraente), e deve levar em conta aspectos culturais.

Por exemplo, é possível ensinar importantes habilidades de liderança que ajudariam os empregados a atuar em projetos comunitários locais, como o de transformar aldeias rurais chinesas em unidades comerciais competitivas (aspecto muito importante para a Geração Y chinesa, em face das tendências de urbanização maciça que o país está experimentando). Seria o caso, digamos, de um programa de "MBA executivo noturno", em que os empregados, de um lado, exercitariam suas habilidades de liderança em projetos de RSE (Responsabilidade Social das Empresas) conduzidos pela matriz e, de outro, receberiam treinamento virtual ao longo do projeto, oferecido por um líder sênior na sede global – conjugação que os vincularia não só com o aprendizado de negócios, mas também com a cultura e com os conhecimentos da organização.

Elaborar plano de recompensas e reconhecimento

O sistema de recompensas da matriz deve ser implementado em condições cada vez mais locais, considerando a mentalidade de gestão de ativos e as características específicas da área. Embora seja necessário preservar a competitividade da remuneração e dos benefícios, não se sabe durante quanto tempo as empresas serão capazes de sustentar a recente espiral ascendente em curso na China e na Rússia. Para suplementar as bases da remuneração e dos benefícios, é preciso desenvolver e "proteger" os ativos representados por pessoas, por meio de numerosos insights culturais locais, conforme já analisamos no modelo de retenção de quatro níveis.

Além disso, como requisito do desenvolvimento, é preciso cultivar o senso de propriedade pessoal dos desenvolvedores em relação à própria "clientela" – bem como forte interesse pessoal pelo desenvolvimento dos clientes (o que, por seu turno, contribuirá para o aprimoramento dos próprios gestores). À medida que adquirem experiência, os empregados são "recompensados" com mais atribuições interpessoais. E, finalmente, de novo preservando os vínculos com a intenção estratégica do desenvolvimento, o sistema interno de desempenho e recompensa deve refletir esse propósito – em alguns casos criando condições para que os resultados "suaves" (*soft*) sejam mais importantes que os números "duros" (*hard*), nas avaliações de desempenho anuais.

CONSTRUA E TREINE SEU PRÓPRIO TALENTO

As empresas, cada vez mais, se dão conta de que os fatores críticos de sucesso no desenvolvimento de pessoal são construir, treinar e cultivar pools de talento interno desde o começo. Descobrir talentos já treinados fora da organização é difícil e caro. Um executivo regional da região Europa Central e Oriental, Oriente Médio e África (ECOOMA) elucidou bem esse ponto em conversa recente:

> Não aceitamos mais a ideia de que o talento é escasso nos mercados emergentes. É escasso quando se procura alguém na área já pronto para a ação. Constatamos que podemos treinar nosso próprio talento e construir nosso próprio estoque permanente, pois não faltam pessoas brilhantes e trabalhadoras em todos os mercados emergentes. Procuramos as atitudes certas, os perfis psicológicos adequados, e, então, as treinamos a partir do zero em nossa "universidade" interna. A maioria dos *trainees* são como esponjas, absorvem tudo com rapidez, e querem realizar. Nós os vemos como diamantes brutos em cuja lapidação devemos investir. Portanto, quando alguém me diz que não consegue encontrar bons empregados na Arábia Saudita, respondo que nosso pessoal na Arábia Saudita são sauditas que desenvolvemos.

Várias empresas com as quais trabalho criaram programas de treinamento extremamente eficazes para novos empregados, não raro com escolaridade muito baixa. Um executivo cita o exemplo de um homem, sem escolaridade, que foi contratado como motorista de caminhão para entregar fisicamente os produtos em lojas de varejo distantes. Dez anos e muitos programas de treinamento depois, ele foi promovido a gerente dessa empresa de bens de consumo em todo o país.

Qualquer empresa que queira ser ator importante nos mercados emergentes deve destinar recursos suficientes à construção, treinamento e preservação do staff em todos os países – inclusive naqueles em que os preconceitos convencionais sugerem que as pessoas são "indolentes", "preguiçosas" e "incompetentes", ou onde se supõe que seja grande a escassez de talentos.

INVISTA EM TREINAMENTO DE LIDERANÇA DE ALTO NÍVEL, PORQUE NÃO BASTA SER BOM GESTOR

É amplo o consenso entre altos executivos de que o ambiente nos mercados emergentes é e continuará sendo tão complexo que ter apenas bons gestores na organização não é suficiente para alcançar as metas de crescimento, motivar o pessoal nos bons e nos maus tempos, desenvolver equipes e transpor os silos da organização em várias áreas geográficas.

Além de contar com pessoas que florescem ao criar algo, também é preciso dispor de grandes líderes. Portanto, as empresas precisam investir cada vez mais no treinamento de líderes, mas não em qualquer modalidade de treinamento. As organizações que estão sempre na vanguarda da pesquisa e do treinamento em liderança (como o Center for Creative Leadership) podem oferecer experiências de grande profundidade no trabalho com grandes empresas, em escalas global e regional. Já não basta recorrer a pequenos programas locais de treinamento em liderança que não contam com amplo apoio em termos de pesquisa de ponta e de treinadores de classe mundial.

CONSTRUA E MENTORIZE POOLS DE SUCESSORES NO ÂMBITO DE PAÍS

No futuro, todas as organizações de alcance nacional serão dirigidas por pessoal local ou por "estrangeiros" radicados no país há tanto tempo que quase já são vistos como nativos. Expatriados será coisa do passado. As empresas que olham para o futuro estão tomando a iniciativa de mentorizar e de construir pools de sucessores locais, compostos de indivíduos promissores que um dia serão capazes de assumir posições de alta liderança. Essa tendência se converteu em exercício muito sistemático que está transformando o funcionamento das organizações.

A transferência de conhecimentos por mentores e expatriados é algo que vem aumentando em ritmo sem precedentes. Ao mesmo tempo, as empresas estão tentando garantir que esses indivíduos altamente treinados, escolhidos à mão, também recebem atenção especial, em termos de incentivos extraordinários à retenção.

> "Vemos os participantes dos pools de sucessão em países de todo o mundo como puro ouro em pó", diz um diretor regional, "tanto que quebramos todas as normas internas quando se trata de adotar pacotes que os amarrem ao futuro da empresa. Nos últimos dois anos, apenas 3% deles realmente deixou a empresa, o que consideramos grande sucesso de nosso programa de retenção. Um de nossos principais concorrentes desmontou o pool de sucessão nos mercados emergentes porque um novo CEO radicado no Reino Unido o considerou inútil. Para mim, ele é um grande imbecil, o que é muito bom para nós".

ALINHE OS INCENTIVOS COM OS OBJETIVOS DE LONGO PRAZO E COM OS GANHOS EM PARTICIPAÇÃO NO MERCADO

Esse deve ser um exercício global para todas as empresas que almejam desenvolver poderoso negócio internacional. É boa abordagem para abandonar a obsessão perniciosa pelo lucro trimestral. Também contribui para a sustentabilidade dos resultados. É inútil querer construir posições de mercado fortes no futuro se os ganhos de participação no mercado e os resultados no horizonte de três a cinco anos não forem parte dos indicadores-chave de desempenho.

TESTAR E TREINAR A CRIATIVIDADE NAS ORGANIZAÇÕES

> Descobrir é ver o que os outros viram e pensar o que ninguém pensou.
>
> – *Albert von Szent-Györyi, ganhador do Prêmio Nobel de Física*

A CRIATIVIDADE É ESSENCIAL NOS NÍVEIS INDIVIDUAL E ORGANIZACIONAL – TESTE-A E TREINE-A

Se quiserem ser melhor que outras em inovação, as empresas precisam ter empregados criativos. As organizações que gerenciarem bem esse processo nos próximos anos serão os grandes vencedores nos mercados emergentes. Primeiro, é bom testar os candidatos a emprego, para ver até que ponto são criativos. Segundo, idem em relação aos empregados atuais. E, terceiro, é importante oferecer treinamento aos empregados, pois a criatividade pode ser desenvolvida. Grande parte do staff das empresas usa o lado esquerdo lógico e analítico do cérebro. As empresas devem treinar o pessoal e os líderes para que usem com mais frequência e intensidade o lado direito criativo do cérebro. Nos tempos de hoje, tão desafiadores em termos de desenvolvimento de negócios em mercados emergentes, toda a massa cinzenta deve funcionar a toda força. As empresas com ideias inovadoras, com abordagens fora do quadrado e com mentes flexíveis tendem a navegar nos mercados emergentes com mais desenvoltura que outras.

A criatividade pode ser definida como "*...capacidade de produzir ou de engendrar algo novo, por meio de certo curso de ação; de gerar alguma coisa a partir da imaginação*". Rickards (1985) também define criatividade como "*...processo de descoberta pessoal, parcialmente inconsciente, que leva a insights novos e relevantes... quando se escapa do atoleiro mental*". A criatividade exige conhecimento profundo de certo assunto (imersão profunda em determinado campo) e capacidade de estabelecer novas conexões.

A inovação surge como subproduto de insights e de pensamentos criativos. A inovação impulsiona o crescimento e gera novas oportunidades em diferentes mercados. Apenas as organizações que desenvolverem constantemente novos produtos para os clientes sobreviverão ao iminente futuro turbulento.

As empresas devem apreciar o fato de que quase tudo o que é feito hoje nos mercados emergentes envolve novas maneiras de pensar, resolvendo novos conjuntos de problemas ou gerando novas ideias. As organizações devem cultivar o pensamento criativo e seu importante subproduto – a inovação – como condição de sobrevivência, mas algumas raramente incluem esse tema em sua lista de prioridades. Os líderes criativos, sendo mais empreendedores, mais visionários e mais resilientes quando sob pressão, usam o poder da imaginação, das analogias, das alegorias e da contação de histórias para inspirar as ideias e o trabalho alheio e, por outro lado, acalmam os empregados em tempos de turbulência, ambiguidade, mudança e incerteza. Eles geram vantagens competitivas para suas empresas ao reagir positivamente quando se defrontam com dificuldades, além de inspirarem o mesmo comportamento nos subordinados.

A criatividade é o ponto de partida da inovação e as empresas devem certificar-se de que dispõem de sistemas capazes de desenvolvê-la e de cultivá-la em todas as suas unidades mundo afora. Por meio de mais criatividade e inovação as empresas terão condições de explorar com mais profundidade e de descobrir maneiras mais eficazes de comercializar novos produtos, materiais e tecnologia; de executar missões, técnicas, conceitos e processos mais excitantes e de compatibilizar com mais exatidão os produtos e serviços com os desejos e necessidades dos clientes.

Conscientize-se de que as novas ideias não surgem por acaso. Isaac Newton um dia disse: "Como descobri a lei da gravidade? Pensando no assunto o tempo todo!" Portanto, treinamento e apoio organizacional produzem resultados poderosos. A pesquisa mostra que a criatividade, inclusive a solução inventiva de problemas e a geração de novas ideias úteis, pode ser aprendida e fomentada nos níveis individual e organizacional.

As empresas devem considerar os âmbitos pessoal e organizacional da criatividade e do potencial de inovação, a fim de explorar seus pontos fortes e de identificar as áreas a serem aprimoradas. Um dos instrumentos holísticos mais abrangentes e mais usados para testar a criatividade dos candidatos a emprego, dos atuais empregados e das organizações é o *Creativity and Innovation Pulse Survey* (CIP Survey), que mede o potencial de criatividade dos indivíduos e organizações. Com base nas respostas dos participantes, as organizações se orientam sobre onde e como se concentrar no aumento da criatividade dentro da própria organização (para mais informações a esse respeito, procure:

antonija.pacek@globalsuccessadvisors.eu). A chave é usar primeiro o instrumento e depois prosseguir com treinamento, para fechar as lacunas de criatividade e inovação.

Explorando a criatividade e aumentando o potencial de inovação

- Desaprenda as estratégias pessoais que inibem suas manifestações criativas (como as expressões de autocrítica ou de insegurança do tipo "não sou uma pessoa criativa" – que engendram, em consequência, uma situação de profecia autorrealizável).
- Use mais analogias, associações e metáforas para desbravar o caminho para o eu criativo e inovador.
- Questione mais suas premissas e crenças.
- Improvise mais para adaptar-se com menos dificuldade às mudanças e turbulências.
- Descubra seu próprio lugar para gerar ideias estimulantes.
- Aproveite mais seu hemisfério cerebral direito (que é mais intuitivo, imaginativo, visual, espontâneo, artístico, apreciativo e emocional) e conscientize-se de que precisamos de ambos os hemisférios, o direito e o esquerdo, trabalhando em paralelo para produzir as mais notáveis ideias práticas e as mais extraordinárias soluções inesperadas, assim como os mais surpreendentes processos e produtos. Nosso hemisfério esquerdo lógico é muito adequado para formulações racionais e lineares, mas esses atributos não são suficientes para fomentar a criatividade.
- Saiba que muitas são as técnicas para estimular a criatividade pessoal e a inovação, mas cada um descobrirá suas preferências pessoais por algumas dessas ferramentas.
- Pergunte-se com frequência "e se", em vez de afirmar "deve ser assim...".
- Condicione-se a propor mais de uma solução!
- Prepare-se para cometer erros (T. J. Watson, fundador da IBM, disse: "Se você quiser aumentar sua taxa de sucesso, dobre sua taxa de fracassos.")
- Estabeleça conexões ou associações entre questões ou áreas díspares.
- Pense positivamente e espere excelentes resultados, pois essa atitude abre sua mente para produzir mais e melhor, para um mercado mais amplo (muitas pesquisas demonstram esse ponto – por exemplo, o trabalho de Seligman).

Fomentando a criatividade e a inovação
- Promova a criatividade e a inovação como foco estratégico de sua organização.
- Crie condições para que seus empregados compartilhem mutuamente suas ideias tanto quanto possível – promova uma atmosfera participativa (as melhores ideias geralmente resultam da variedade de contribuições de diversas fontes).
- Estimule a flexibilidade.
- Os líderes precisam respeitar a diversidade e a variedade entre os empregados, bem como suas manifestações e suas ideias (não "mate" nem condene verbalmente, por meio de observações ásperas, propostas que pareçam revolucionárias ou até estapafúrdias).
- Estimule novas ideias e soluções: ofereça aos empregados ambientes criativos em que possam inovar como indivíduos ou como equipes (por exemplo, sabe-se muito bem que a Google tem esses espaços em sua organização, com vários brinquedos, instrumentos musicais, mesas de pingue-pongue e material para anotar as próprias ideias e propostas alheias que inspirem novas ideias). Também traga palestrantes inovadores de fora da empresa: promova workshops com metodologias fora do quadrado, como aprendizado inspirador baseado em artes.
- Instale canais operacionais pelos quais se implementem novas ideias.
- Dê liberdade para a autoexpressão – não admita que se sufoquem novas ideias.

ENVIE PARTE DE SEU PESSOAL DE MERCADOS EMERGENTES PARA ESCRITÓRIOS NO MUNDO DESENVOLVIDO

Para sacudir um pouco as coisas nos mercados desenvolvidos, de lento crescimento, muitas empresas, cada vez mais, estão promovendo seus melhores empregados dos mercados emergentes para posições-chave de liderança em países desenvolvidos. Muitos gestores que eu conheço bem, originários de mercados emergentes, não raro se mostram chocados ao ver como algumas organizações de países desenvolvidos podem ser lentas e obesas. UM CEO me disse:

Estamos promovendo com mais frequência esse cruzamento. Nas organizações de nosso mundo desenvolvido geralmente já não percebemos como nos tornamos tremendamente ineficientes – como estamos com pessoal demais para o que efetivamente produzimos. Esses caras dos mercados emergentes chegam e imediatamente veem as grandes lacunas de ineficiência, pois estão acostumados com o ambiente de negócios magro e enxuto dos mercados emergentes. Portanto, é bom aplicar choques de realidade. Ao mesmo tempo, devemos cultivar nossa sensibilidade cultural. Esse exercício também é importante para o futuro da empresa. É até possível que um desses forasteiros venha a sentar-se um dia em minha cadeira – portanto, também é importante que eles experimentem e conheçam o mundo desenvolvido.

APRIMORE CONTINUAMENTE AS HABILIDADES DE TODO O PESSOAL

Tempos extraordinários exigem pessoal extraordinário. Apenas as empresas que treinam constantemente os empregados locais de todos os níveis em todas as áreas serão capazes de enfrentar a volatilidade econômica e a competição acelerada.

CAPÍTULO 5

AQUISIÇÕES COMO MANEIRA DE CRESCER

E se tudo for ilusão e se nada existir?
Nesse caso, sem dúvida paguei caro pelo meu tapete.

Woody Allen

PESQUISAS ACADÊMICAS E DE VÁRIAS EMPRESAS de consultoria ao longo dos anos revelam que a maioria dos negócios de fusões e aquisições nem sempre produz todos os benefícios esperados. Em média, cerca de 60% das transações resultam em alguma espécie de problema, e a proporção é maior nos mercados emergentes.

Ainda estou estupefato com a velocidade de certas transações antes da crise. Um CEO adjunto, hoje aposentado, de um grande banco europeu me disse durante um almoço, em 2007, que havia comprado um banco na região Europa Central e Oriental com apenas uma semana de due diligence, embora pagando centenas de milhões de euros. Ele explicou que o motivo da pressa foi o receio de que um concorrente fechasse a transação antes. Menos de um ano depois, descobriram graves problemas na contabilidade da instituição adquirida e tiveram de absorver perdas maciças. Por fim, ele reconheceu que a trajetória orgânica para aumentar a participação no mercado teria sido muito mais barata.

CONSIDERAÇÕES ESTRATÉGICAS

Há 20 anos observo transações de fusões e aquisições nos mercados emergentes e as questões básicas não mudaram com o tempo. As transações em grande parte não dão certo ou não geram valor se as empresas se apressarem no processo de due diligence ouse subestimarem os custos e as complexidades da reestruturação subsequente. Se contribuiu para algo, a última crise global ao menos levou as empresas a serem menos açodadas e mais cuidadosas na análise dos possíveis alvos de fusões e aquisições e na maneira como avaliam o potencial de lucro das candidatas. Em outras palavras, o processo de due diligence tornou-se mais rigoroso e vigoroso – exatamente como deve ser. Além disso, as empresas devem lembrar-se de que, às vezes, é melhor desistir de um negócio talvez não tão promissor quanto se supunha, por mais que já tenha investido tempo e dinheiro nele e por mais que sejam poderosos seus padrinhos na pretensa adquirente.

E ainda há outra razão legal de importância crescente para ser mais cauteloso na due diligence. "Hoje se tem mais consciência da responsabilidade dos diretores caso a aquisição não dê certo. A superficialidade da due diligence pode ser considerada negligência grosseira", diz Dieter Spranz, do escritório de advocacia Wolf Theiss, em Viena.

Portanto, é necessário que a due diligence não mais se limite ao mero preenchimento de checklists padronizados, o que não raro exige a transferência de enorme volume de dados, algo que pode exasperar os mais pacientes compradores e vendedores. Nos processos de aquisição, os vencedores são os compradores capazes de avaliar com a maior exatidão factível os riscos a serem cobertos e de adotar a maneira mais prática possível de estimar o volume e a natureza desses riscos, para, então, aprovar ou rejeitar o investimento. A abordagem focada no risco, com base no conhecimento do mercado em questão, é a única maneira de executar due diligence eficaz, com as melhores chances de proteger o investimento.

FORÇAS MOTRIZES

No futuro, dois serão os grandes vetores das aquisições nos mercados emergentes. Um é o fluxo de transações em que as multinacionais globais compram seus concorrentes locais e/ou multinacionais de mercados emergentes. O outro é o fluxo de aquisições das operações nacionais ou regionais de grandes multinacionais, quando estas se retiram de determinadas regiões.

Primeiro, muitas empresas locais e multinacionais de mercados emergentes desenvolveram o que as multinacionais globais querem: boas fatias de mercado e marcas bem estabelecidas em certos países. Em geral, essas marcas são ativas em outros segmentos *premium* e, portanto, se encaixam no objetivo estratégico da maioria das multinacionais, qual seja, o de competir em vários segmentos de mercado de numerosas regiões em todo o mundo. Muitas dessas transações serão puramente estratégicas e terão objetivos competitivos, do tipo: precisamos eliminar um concorrente que está roubando nossos clientes *premium*, mas não queremos que nossos concorrentes multinacionais comprem essa empresa local. Esses são motivos poderosos para que as empresas gerenciem proativamente suas estratégias de aquisição e definam alvos adequados em todo o mundo. As grandes multinacionais, com suas reservas de caixa, serão os principais indutores dessas aquisições.

Segundo, as pressões competitivas são tão grandes em quase todos os mercados de todo o mundo que muitas multinacionais não serão capazes de reter participação lucrativa. Todas as empresas que não seguirem as diretrizes deste livro estarão vulneráveis no futuro, perderão fatias de mercado e se exporão a investidas dos líderes do mercado. "Calculamos que todos os atores cuja fatia de mercado for inferior a 10% no nosso setor não conseguirá manter-se na maioria dos mercados emergentes. É só uma questão de tempo antes de sermos forçados a sair", diz um executivo do setor de varejo. Os líderes do mercado que se concentrarem na construção de negócios sustentáveis acabarão assumindo os ativos das empresas que baterem em retirada, à medida que o mercado se consolidar. Obviamente, isso não acontecerá em todas as indústrias, mas é importante tendência em certos setores avançados.

Outros tipos de transação incluem:

a. Multinacionais de mercados emergentes que compram agressivamente em outros mercados emergentes. O número dessas transações está aumentando com rapidez e tende a continuar crescendo.
b. Em regiões e em épocas de desaceleração da economia, o volume de fusões e aquisições envolvendo empresas em dificuldade sempre sobe. É o que está ocorrendo hoje em grande parte da Europa Central e Oriental, por exemplo.
c. Quando os bancos se desligam dos atores locais e os forçam a oferecer-se à venda nos mercados. Na medida em que os empréstimos bancários se tornarem mais difíceis nos próximos anos, essas transações vão se tornar mais frequentes.

d. Transações impulsionadas pelas chamadas "lascas" globais (*global "carve-outs"*) – unidades de negócios ou conjuntos de ativos cindidos de multinacionais mundiais, por não mais se encaixarem no *core business* (negócio central) ou por não apresentarem desempenho satisfatório em relação aos outros negócios.
e. Operações resultantes de privatizações, quando muitos governos entrarem em modo de austeridade e partirem em busca desesperada de receitas que reduzam os déficits orçamentários e as dívidas públicas.
f. Negócios oferecidos à venda por empresas de private equity, que, sob pressão dos credores, refinanciam suas dívidas em condições mais rigorosas. Uma saída é vender algumas participações societárias e converter esses investimentos em caixa.
g. As empresas de private equity continuarão a adquirir com muita agressividade novos empreendimentos, para revendê-los depois a multinacionais. Como elas são muito mais rápidas que as multinacionais, sempre exorto meus clientes a constituírem equipes internas de fusões e aquisições muito ágeis e proativas, para que, mais tarde, não paguem preços mais altos por negócios que já tenham sido adquiridos por empresas de private equity.

Em âmbito global, as adquirentes multinacionais acham que têm enfrentado muito bem a crise – muitas estão aboletadas em pilhas de dinheiro volumosas e, às vezes, sem precedentes, resultantes de maciças reduções de custo e de grandes aumentos de eficiência no rescaldo imediato da crise. Muitas empresas estão usando esse dinheiro para recomprar as próprias ações (maneira de reforçar o infame lucro por ação), mas é desnecessário dizer que não são poucas as que estão de olho em aquisições estratégicas, principalmente nos mercados emergentes. E é assim que deve ser. Várias dessas empresas estão tentando ampliar, por meio de aquisições, seu portfólio de produtos, não só nos segmentos *premium* (playground tradicional das multinacionais), mas também no meio da pirâmide de segmentação, onde os preços são mais baixos, mas o potencial de crescimento é maior.

Além de contarem com balanços patrimoniais mais fortes, muitas multinacionais estão aproveitando a oportunidade para levantar recursos baratos, por meio de emissão de bônus (cada vez mais em moedas locais dos mercados emergentes) ou de tomada de empréstimos. Parte desse dinheiro é usada para impulsionar o crescimento mediante aquisições, embora a atitude predominante ainda seja a preservação de caixa (principalmente por causa das incertezas econômicas nos Estados Unidos, na Europa Ocidental e no Japão). Os bancos, em geral, estão ansiosos para trabalhar com multinacionais em busca de aquisições nos mercados emergentes, por as considerarem bons clientes, aos quais convém emprestar dinheiro.

Nos anos anteriores à crise, as empresas de private equity (com acesso a empréstimos muito grandes) venciam muitas multinacionais na disputa pela compra de várias empresas de mercados emergentes. Porém, a alta alavancagem em grande parte já secou e, agora, são as numerosas multinacionais ricas em caixa que estão em melhores condições de conseguir bons negócios e de vencer a concorrência com as empresas de private equity. Os próximos anos oferecerão rara janela de oportunidade às multinacionais.

Porém, as empresas de private equity aumentaram o esforço e estão conseguindo mais negócios. "Algumas estão explorando sua agressividade e seu know-how naturais para retornar com ímpeto ao mercado de fusões e aquisições", diz um banqueiro de investimentos de Zurique. Além disso, cada vez mais empresas de capital fechado de mercados emergentes, que se tornaram atores respeitados, abriram o capital ou levantaram recursos com a emissão de bônus. A ambição delas é tornar-se ao menos regionais e muitas estão à espreita de empresas em dificuldade, nos mercados emergentes, como alvos prováveis de fusões e aquisições.

AQUISIÇÕES

A seguir, examinamos importantes ensinamentos extraídos de aquisições em mercados emergentes e consideramos o que as empresas bem-sucedidas fazem para evitar erros nessas operações.

- Para alguns executivos, comprar empresas em mercados emergentes às vezes é como andar em campo minado sem detector de explosivos. As incógnitas são muitas e apenas as empresas dispostas a preparar-se adequadamente conseguirão executar a necessária due diligence.
- Mesmo nos países desenvolvidos, as aquisições, em geral, não agregam valor às adquirentes, conforme demonstram numerosos estudos. Torná-las eficazes nos mercados emergentes é ainda mais difícil.

- O crescimento por aquisições é mais rápido e mais arriscado que o crescimento orgânico. As empresas precisam avaliar se a aquisição é mais eficaz em relação ao custo que o crescimento orgânico, para conquistar a posição de mercado almejada.
- A aquisição deve oferecer vantagens nítidas em comparação com o crescimento orgânico na realização dos mesmos objetivos. Muitas empresas acham que se a operação não oferecer benefícios inequívocos em termos de nome de marca, de participação no mercado ou de vantagem competitiva estratégica, provavelmente será melhor não correr os riscos da aquisição.
- As empresas devem fazer análises profundas e identificar vantagens nítidas antes de partir para aquisições em mercados difíceis. E, depois de se optarem pela rota de aquisições, elas devem ser extremamente cuidadosas na due diligence.

> A aquisição de empresas em mercados emergentes é excepcionalmente complexa, e subestimar essa complexidade é perigoso.

A aquisição de empresas em mercados emergentes é excepcionalmente complexa, e subestimar essa complexidade é perigoso. Surpreendentemente, numerosas empresas muito grandes ainda cometem erros no processo de aquisição. A maioria desses erros decorre de due diligence mal planejada e mal executada antes da compra e/ou de subestimação dos desafios e custos pós-aquisição. Alguns erros podem provocar danos quase irreparáveis ao negócio; outros são menos letais, mas causam rupturas, atrasos e decepções.

Ao considerar uma estratégia de aquisição em mercados emergentes, as empresas devem fazer-se várias perguntas adicionais:

- Temos sólida expertise interna para adquirir em mercados emergentes?
- Estamos dispostos ou temos condições de ter dentro da empresa uma equipe proativa, dedicada exclusivamente a aquisições, que pesquise e execute aquisições em mercados emergentes?
- Estamos conscientes da complexidade da due diligence e das questões a serem abordadas durante o processo?
- Reconhecemos que precisamos pedir ajuda a consultores locais (de origem nacional ou estrangeira)?

- Os gestores da empresa-alvo, que para nós são importantes, parecem favoráveis ou contrários à operação?
- Temos estratégias e planos claros sobre como queremos dirigir o negócio que está sendo adquirido depois da aquisição? Nosso plano de due diligence inclui esses aspectos?
- Realmente conhecemos as pessoas "com quem iremos para a cama" depois da transação?

É crucial questionar-se rigorosamente antes da aquisição e depois ser proativo na busca de oportunidades e na execução das transações. Há poucos alvos de boas aquisições nos mercados emergentes e a competição por eles geralmente é feroz; os preços não raro são demasiado altos e crescentes. Geralmente as adquirentes são as empresas mais rápidas, não as maiores, daí a necessidade de identificar e abordar os principais alvos antes dos concorrentes. Trabalhar rápido, mas ainda assim ser cuidadoso e exaustivo na due diligence, é desafio manejado com mais eficácia quando se dispõe de equipe interna dedicada exclusivamente a aquisições, capaz de coordenar a atuação dos consultores financeiros, legais, tributários, de recursos humanos e de outras áreas. Incumbir um gestor, com outras atribuições, de liderar as aquisições geralmente resulta em falta de velocidade e de foco. Desnecessário dizer, a presença local é muito útil para assegurar velocidade na due diligence e na execução da transação em si, bem como na reestruturação pós-aquisição.

A avaliação dos alvos nos mercados emergentes deve considerar as seguintes áreas:

PESQUISE OS ANTECEDENTES DA EMPRESA-ALVO

Essa parte da avaliação deve concentrar-se em descrever o passado e o presente do alvo da aquisição, assim como sua estratégia. É importante conhecer os pontos fortes e os pontos fracos estratégicos da empresa a ser adquirida.

EXAMINE OS MERCADOS, OS PRODUTOS E O MARKETING DA EMPRESA-ALVO

Obviamente, o comprador precisa compreender em profundidade os produtos e os serviços da empresa. Também é fundamental determinar a fatia de mercado potencial dos produtos, em especial quando a participação no mercado é o principal objetivo da aquisição. Ao fazê-lo, é necessário levar em conta os rumos e as tendências do mercado.

Eis algumas perguntas importantes a serem respondidas pelo comprador:

a) Qual é o portfólio de produtos da empresa-alvo e quais são suas participações no mercado? Como as fatias de mercado se movimentaram para cima ou para baixo no passado e por quê? Ocorreu alguma redução acentuada nas fatias de mercado recentemente?
b) Quais são a proposta de venda singular – PVS (Unique Selling Proposition – USP), a história de preços e as margens de lucro? O que impulsionará a demanda pelos produtos e seus preços no futuro? Qual é o risco de futuras guerras de preços?
c) Qual é o posicionamento do produto e estará ele correto em termos de novas necessidades de mercado?
d) Como os concorrentes, distribuidores e consumidores percebem o produto e suas qualidades? Faça pesquisas básicas e detecte desde logo quaisquer insatisfações ou percepções negativas em relação à marca.
e) Há espaço para melhorar a qualidade e os serviços e, em caso positivo, quanto custaria?
f) Será que esse segmento do mercado em que a empresa-alvo opera sofre pressões ou está encolhendo em relação a outros segmentos? Será que ele é cíclico e, em caso positivo, qual é a duração do ciclo? Que segmentos do mercado estão realmente crescendo?
g) Qual deverá ser a magnitude das despesas com marketing e propaganda para acelerar a demanda e os lucros no futuro?

PRESTE ATENÇÃO ESPECIAL À DUE DILIGENCE FINANCEIRA

As projeções financeiras devem basear-se em análise cuidadosa para a identificação das premissas confiáveis e dos fatores que impulsionarão a demanda. O potencial de lucros futuros é o que importa. Ao examinar as demonstrações financeiras do negócio, os compradores devem lembrar-se de que, com frequência, elas são ambíguas e não confiáveis, e que as normas contábeis locais podem diferir das normas contábeis internacionais.

A due diligence financeira deve contribuir para a avaliação da empresa, mas sempre haverá discordâncias entre o comprador e o vendedor quanto ao valor da empresa. O desempenho passado não é indicador útil para a avaliação de empresas em mercados emergentes, razão por que os compradores tentam basear o preço no potencial de lucro. Os compradores raramente concordam com a avaliação e quase sempre reivindicam preços mais altos, com base nas vendas passadas e/ou em estimativas irrealistas do valor dos ativos.

O preço nem sempre é a principal controvérsia nas aquisições. O tratamento a ser dispensado à administração e aos trabalhadores geralmente desempenha papel importante, principalmente quando se trata de empresas estatais, assim como ocorre com promessas de investimentos futuros e de programas de treinamento no trabalho.

DETERMINAÇÃO DO VALOR DE MERCADO

A estimativa do valor de mercado não é fácil por numerosas razões:

a. **As informações disponíveis nem sempre são confiáveis.**
   Como não está listada em bolsas de valores, a precificação de muitas empresas em mercados emergentes é tão difícil quanto a avaliação de negócios de capital fechado em países desenvolvidos. Mesmo que a empresa esteja listada em bolsa de valores, nem todas as bolsas de valores são bem reguladas.

b. **Os lucros passados não são necessariamente um guia para o desempenho futuro.**
   As previsões de lucros são cruciais na determinação do valor. Porém, o levantamento do panorama financeiro do passado não raro é escorregadio. A projeção dos lucros pretéritos nem sempre reflete a realidade, em consequência de mudanças nas condições de mercado, que serão ou podem ter sido mais ou menos competitivas que no presente. As implicações para a geração de caixa no futuro podem ser enormes. É fundamental investigar o quanto os lucros da empresa podem ser influenciados por privilégios de monopólio, por empréstimos a juros baixos, por acesso favorecido a contratos com o governo, por aluguéis

subsidiados, por flexibilidade na observância das leis e regulamentos e por outras formas de ajuda do governo. Quando se removem esses fatores das estimativas de geração de caixa, o panorama torna-se mais realista. A recomendação parece sensata, mas como avaliar a capacidade de geração de caixa de empresas que nunca operaram sem subsídios, sem proteções sutis dos governos e, não raro, com observância inequívoca de normas e regulamentos? Tudo o que se pode fazer é executar a due diligence com atenção redobrada, para compreender em profundidade os indutores das vendas futuras.

c. **Muitos compradores descobriram que os balanços patrimoniais apresentam informações questionáveis.**

O problema é que os ativos, em especial os equipamentos, quase sempre estão superestimados nas demonstrações financeiras oficiais da empresa. Além disso, em muitos países, os ativos em geral têm vida útil mais longa e taxas de depreciação mais baixas que nos países desenvolvidos. Talvez se constate que certos ativos nunca foram depreciados. Mas os ativos só valem na medida do que são capazes de produzir, e esse deve ser o critério de avaliação. Se os ativos mal podem produzir produtos ultrapassados, eles não valem nada – fato que os vendedores locais têm dificuldade em aceitar.

d. **É crucial verificar se há como cobrar os recebíveis.**

Em muitos países, a qualidade do sistema legal é deficiente e cobrar recebíveis por via judicial é exercício moroso, penoso e dispendioso. Os contratos referentes a novas ordens de produção são outra armadilha potencial. Não podem ser considerados pelo valor nominal; é preciso investigar a probabilidade de se converterem em realidade. O sistema de faturamento entre empresas e de contabilização dos recebíveis é lento e ineficiente em alguns mercados emergentes. Os créditos de liquidação duvidosa se acumulam e as cobranças judiciais se arrastam, até se tornarem inviáveis ao menos na prática.

e. **Faça perguntas sobre os empréstimos entre empresas.**

Considerando as condições de contração de crédito ainda árdua se de taxas de juros ainda altas em alguns mercados emergentes, as empresas locais não raro enfrentam dificuldades em obter empréstimos bancários. Isso decerto ocorreu no passado e muitas empresas tomaram empréstimos umas das outras. Portanto, a due diligence deve ser extremamente cuidadosa em determinar o nível de endividamento entre empresas. Muitas dessas dívidas nunca foram registradas nos balanços patrimoniais.

f. **Investigue os passivos tributários e previdenciários.**
Parte importante da auditoria financeira é verificar os passivos tributários. Muitas empresas descobriram que suas empresas-alvo não pagavam tributos e contribuições para a previdência social havia anos, gerando, assim, grandes passivos potenciais e inflando seus resultados. Muitas adquirentes foram processadas pelas autoridades tributárias para pagamento das dívidas das adquiridas, de que se tornaram sucessoras. Esse risco pode e deve ser evitado por meio da due diligence. Em alguns países, pequenas e médias empresas tendem a terceirizar suas atividades, em vez de contratar empregados. É necessário mitigar o risco dessas hipóteses, estimando o impacto de qualquer passivo tributário sobre o negócio.

g. **Os ajustes pró-forma são importantes.**
"Faça ajustes pró-forma no EBITDA (LAJIDA) para refletir o valor de um CEO em tempo integral. Os proprietários-gestores às vezes não recebem remuneração ou recebem remuneração excessiva. Outros ajustes *pró-forma* envolvem equipamentos, fábricas e escritórios alugados, se os preços parecerem questionáveis. As mesmas cautelas e ajustes são recomendáveis quanto à plausibilidade de itens que a administração da empresa-alvo alega não se relacionar com os negócios", reportou um consultor de M&A (Mergersand Acquisitions) da KPMG.

h. **Avalie se o balanço patrimonial realmente reflete todos os passivos do negócio.**
A capacidade da empresa de cumprir o cronograma do serviço da dívida é algo a ser levado em conta quando se fazem projeções sobre o futuro da possível adquirida.

Advertência: cuidado com os administradores de empresas-alvo que alegam serem seus resultados financeiros auditados. Certifique-se de que a auditoria foi conduzida por empresa confiável. Vários de nossos clientes descobriram que muitas empresas de auditoria pequenas não passam de sala dos fundos da auditada, que, por acaso, é auditoria credenciada, mas, acima de tudo, é cupincha da empresa-alvo.

REFLITA SOBRE OS FLUXOS DE LUCRO NO LONGO PRAZO

As empresas cuja alta administração apoia o desenvolvimento de negócios no longo prazo às vezes se dispõem a pagar bem acima do valor corrente. Elas estão mais interessadas no que a compra pode redundar em termos de fluxos de lucro no longo prazo e no que ela significa do ponto de vista estratégico – se abrange, por exemplo, importante marca local e, em consequência, limita o espaço de manobra dos concorrentes.

No entanto, o comprador deve elaborar um plano de negócios baseado nas estimativas de lucros futuros, levando em conta todas incertezas envolvidas, e confrontá-lo com o preço que está sendo pedido pelo negócio. O valor da empresa-alvo como entidade em operação (princípio da continuidade) depende das gerações de lucro e de caixa no futuro, ambas descontadas a valor presente, com base em taxa de desconto adequada. Ao determinar a taxa de desconto adequada, é necessário fazer ajustes pelas distorções resultantes de monopólios, subsídios, inobservância das leis e regulamentos e ligações comerciais passadas, talvez hoje irrelevantes. Trata-se, evidentemente, de processo subjetivo, mas que impõe algumas provisões.

Depara-se com outros problemas quando se tenta adotar premissas realistas sobre o desempenho futuro. Prever as vendas e os lucros da empresa no período de cinco anos é tarefa sobremodo difícil. Por numerosas razões, os mercados emergentes podem mudar com grande rapidez, como, por exemplo, em decorrência de crises econômicas, de transformações nos hábitos dos consumidores e da entrada de novos concorrentes domésticos ou internacionais.

COMPREENSÃO DA TECNOLOGIA

Empenhe-se para compreender os processos de fabricação e as tecnologias da empresa-alvo antes da aquisição. O principal objetivo dessa parte da investigação é estimar os investimentos que serão necessários depois da aquisição para integrar a empresa adquirida no sistema de manufatura global e para alcançar os padrões almejados de produtividade e qualidade. Também se devem estimar a facilidade e o custo de expandir as instalações na hipótese de futuros aumentos na demanda.

A investigação deve responder a algumas das seguintes perguntas:

a. Quais são os atuais processos de fabricação e a capacidade e estado dos equipamentos? Qual é a produtividade das instalações?
b. Como os canais de fornecimento estão organizados? Qual tem sido o comportamento dos participantes do canal de fornecimento? Quais são os atuais problemas de fornecimento?
c. Há problemas com o fornecimento de componentes? Podem ser resolvidos? Qual é a base de fornecedores locais de componentes manufaturados? Teremos de convencer nossos fornecedores globais a investir nas proximidades?
d. Qual é a disponibilidade e os preços das matérias-primas? Como essas variáveis se comportarão nos próximos cinco anos?
e. Há laboratórios e pessoal de P&D que poderiam ser integrados nas estratégias regional e global da compradora?
f. Será que a administração fez investimentos consistentes em seus equipamentos de fabricação nos últimos anos (sobretudo durante os anos de crise) ou existem lacunas de despesas de capital a serem financiadas pela compradora no futuro próximo?

DUE DILIGENCE DA OBSERVÂNCIA DE LEIS E REGULAMENTOS

Não feche nenhum negócio até ter concluído na totalidade o processo de due diligence da observância de leis e regulamentos.

Um dos membros de nosso CEEMEA Business Group, que atua em setor industrial B2B, passou mais de um ano fazendo due diligence exaustiva. Mas negligenciou um ponto crucial: como as vendas haviam sido geradas nos mercados da Comunidade de Estados Independentes. O negócio já tinha passado por várias fases do processo de aprovação interna e estava em vias de ser submetido à decisão final. No entanto, um comentário de um diretor de vendas da empresa-alvo advertiu a adquirente para o fato de que, ao longo dos anos, grande parte das vendas da empresa-alvo havia sido feita com pagamento de grandes propinas aos CEOs das empresas clientes. Então, o CEO da adquirente acompanhou o diretor de vendas da empresa-alvo em algumas viagens de vendas e avisou aos clientes que, no futuro, depois da aquisição, não mais se pagariam propinas. Como resposta, todos os CEOs das empresas-clientes disseram que procurariam novos fornecedores. Depois dessa experiência e de vários milhões gastos com due diligence, a adquirente desistiu do negócio.

É essencial que as adquirentes sempre verifiquem todo um conjunto de questões de observância e, em especial, como as vendas foram geradas no passado. Tirando da equação o pagamento de propinas, é possível que se esteja comprando uma empresa não lucrativa, totalmente inútil.

SE A EMPRESA-ALVO TIVER FÁBRICAS, NÃO SE ESQUEÇA DA DUE DILIGENCE AMBIENTAL

Em alguns setores altamente poluidores, esse deve ser o primeiro passo da due diligence. Não raro se descobrem danos ambientais na área. A auditoria deve avaliar a extensão dos danos e, mais importante, precisa verificar a possibilidade de a adquirente eximir-se de responsabilidade. Várias empresas que fizeram aquisições foram intimadas por autoridades locais a eliminar danos ambientais preexistentes. As adquirentes devem deixar claro antes da compra que não se responsabilizarão por qualquer dano ambiental anterior à aquisição.

DUE DILIGENCE LEGAL

A due diligence legal inclui o seguinte (a lista a seguir é um conjunto breve e genérico de tópicos sugeridos pelo escritório de advocacia Wolf Theiss):

a) **Societário**: Personalidade jurídica e registro legal da empresa; composição acionária (inclusive agentes fiduciários e participações ocultas); existência de ônus de qualquer espécie sobre as ações; contingências e outras questões legais relacionadas com reestruturações societárias no passado (contribuições em espécie, fusões, cisões, transformações e outras hipóteses); obrigações decorrentes de acordos de acionistas; joint-ventures ou acordos congêneres (restrições à transferência de ações, como direitos de preferência, direitos de *tag along* e *drag along*, obrigações de financiamento, restrições ao voto e congêneres); questões legais relacionadas com aumentos ou reduções do capital social e outras iniciativas referentes ao capital social no passado.

b) **Assuntos financeiros**: Passivos ou outras questões legais referentes a empréstimos e acordos de crédito, fianças, patrocínios, *confort letters* e outros instrumentos financeiros, financiamentos intragrupais e acordos de compensação (*cash pooling*), subsídios governamentais.

c) **Observância e regulação**: Situação da observância em relação a leis, regulamentos, códigos de conduta (legislação sobre combate à corrupção, defesa da concorrência, governança corporativa, proteção de informações comerciais e outros aspectos); existência e situação de alvarás e licenças indispensáveis à execução das operações de negócios, bem como à propriedade, ao uso, ao aluguel e à exploração das propriedades, instalações, prédios e outros ativos.

d) **Acordos importantes**: Disposições específicas referentes a acordos importantes (com clientes ou fornecedores relevantes), tais como os relacionados com mudança de controle, garantias e outros passivos, cláusulas de não competição, duração e extinção de contratos comerciais.

e) **Acordos trabalhistas**: Administradores, planos de pensão, esquemas de benefícios, opções sobre ações, planos de participação nos lucros, cláusulas incomuns ou muito onerosas em garantias de emprego, restrições à demissão de pessoal (se relevantes).

f) **Imóveis**: Títulos de propriedade, aluguéis, arrendamento e outros direitos de uso de prédios e terras (certidões do registro de imóveis, escrituras de compra e venda, contratos de aluguel e arrendamento, servidões, acordos de construção) e aspectos legais potencialmente onerosos daí decorrentes.

g) **Outros ativos importantes**: Títulos de propriedade, de aluguel, de arrendamento e de outros usos de ativos relevantes.

h) **Propriedade intelectual**: Títulos e restrições referentes a marcas registradas, patentes, direitos autorais ou outros da empresa; infrações aos direitos de propriedade de terceiros.

i) **Contenciosos**: Situação e relevância de procedimentos judiciais, administrativos ou arbitrais potenciais ou pendentes.

Na prática, os checklists de due diligence legais são muito mais detalhados e, em geral, específicos para a empresa-alvo.

INCLUA A ESTRUTURA ORGANIZACIONAL E OS RECURSOS HUMANOS NA DUE DILIGENCE

"Infelizmente, com base em minha experiência, o aspecto 'humano' da fase preparatória das fusões e aquisições são em grande parte negligenciados nos mercados emergentes", diz Mark Hamill, diretor-gerente global da Spengler Fox, empresa de consultoria em recursos humanos e de seleção de executivos. E acrescenta: "A avaliação e a compreensão dos talentos disponíveis e dos talentos necessários para o sucesso do negócio – isto é, a auditoria de talentos – já são parte integrante, cada vez mais necessária, dos negócios em mercados emergentes."

É importante conhecer a estrutura gerencial existente e os recursos humanos disponíveis para promover com sucesso as mudanças necessárias, se for o caso. O processo de due diligence deve considerar a necessidade e os custos de reorganizações, uma vez que, sem alterações substanciais na estrutura e na organização vigentes, a maioria das aquisições tende a fracassar. Também é importante saber quem são as pessoas importantes na organização, nos níveis de gerência e de supervisão. Incorreremos em custos adicionais para manter essas pessoas na empresa? Será que elas estão propensas a ir embora? O que as manteria na organização? As aquisições não raro fracassam porque parte do pessoal-chave reluta em trabalhar com os novos empregadores e decide ir embora. Caso se adotem novas estruturas e sistemas, será que eles serão compatíveis com os sistemas existentes na empresa-alvo? Se houver necessidade de implementar reformas significativas, elas deverão ser planejadas e executadas durante a reestruturação pós-aquisição.

Trabalho recente da Spengler Fox revela que o nível de envolvimento dos parceiros e dos consultores de RH é muito mais baixo que o desejável, antes e depois da due diligence. Mark Hamill diz: "Mas desenvolvemos um pool de talentos de consultores especializados e de conselheiros não executivos que participam dos trabalhos pré- e pós-aquisição e orientam quanto à viabilidade do negócio, ao valor da operação, às questões pós-aquisição e ao desenvolvimento de estratégia para impulsionar a empresa para a frente."

De acordo com multinacionais adquirentes, os proprietários/CEOs de pequenas e médias empresas-alvo tomam todas as decisões finais. E essas organizações raramente têm sistemas de informações gerenciais, visto que todas as informações-chave estão na cabeça do dono. Se constatarem que, como às vezes ocorre, o proprietário é o gargalo do crescimento, as empresas compradoras devem adotar medidas adequadas com os proprietários para realizar o potencial da empresa no futuro.

AVALIE O PAPEL DOS RELACIONAMENTOS PESSOAIS

Muitas empresas descobriram tarde demais que grande parte do bom volume de vendas da adquirida resultava do estreito relacionamento pessoal do ex-proprietário ou de seu pessoal de vendas com os clientes. Quando uma multinacional assume o controle de uma empresa local, é possível que as pessoas que cultivavam esses relacionamentos deixem a empresa, o que pode comprometer os resultados de um negócio que parecia promissor. Mais uma vez, essa é uma questão de due diligence. Se esses relacionamentos de vendas forem cruciais, a multinacional tem as seguintes alternativas: ou coopta, por meio de propostas irrecusáveis, os responsáveis por esses relacionamentos, desiste da aquisição e segue a trajetória de crescimento orgânico ou desenvolve uma estratégia para reter esses profissionais na empresa adquirida, no caso de aquisição (o que envolveria conversar antecipadamente com eles e definir o que os persuadiria a continuar).

REESTRUTURAÇÃO E INTEGRAÇÃO – ESTEJA CONSCIENTE DO QUE O ESPERA

A reestruturação pós-aquisição nos mercados emergentes em geral é dispendiosa e demorada. A integração de diferentes atitudes e culturas no trabalho é sempre difícil, mas a maioria das empresas adquiridas em mercados emergentes precisa passar por substancial reformulação para se tornar parte integrante e bem-sucedida da empresa compradora. Uma das questões mais complexas da reestruturação pós-aquisição é tentar aumentar a produtividade, pois o processo quase sempre envolve a demissão de empregados. Desde o começo, a adquirente deve promover uma campanha positiva de relações públicas e entrosar-se com os líderes de opinião entre o pessoal.

Se os empregados se voltarem contra o negócio depois de sua conclusão, a empresa pode enfrentar imensas dificuldades. Em muitos países, os contratos de aquisição às vezes contêm cláusula impeditiva de demissões durante determinado período, geralmente variando de um a três anos. As multinacionais podem opor-se a esses acordos, mas muitas reconhecem que eles são maneira importante de demonstrar sensibilidade à opinião pública local e, portanto, às vezes concordam com essas condições.

Manter uma fábrica com excesso de pessoal durante algum tempo pode parecer desperdício, mas tem algumas vantagens, como minorar a publicidade negativa e atenuar o impacto das demissões – por exemplo, oferecendo incentivos às demissões voluntárias e às antecipações de aposentadoria. Porém, desde logo, os compradores devem estar conscientes desse custo ao fechar o negócio. Talvez se encontrem dezenas de trabalhadores registrados como empregados apenas com o intuito de contar tempo de serviço para aposentadoria e de receber benefícios previdenciários, inclusive assistência médica. A due diligence deve identificar esses trabalhadores.

Outra razão para oferecer garantias de emprego no curto prazo é o fato de muitas adquirentes precisarem de tempo para reestruturar as adquiridas, inclusive para avaliar cada empregado e decidir os que devem ser retidos ou demitidos, depois do prazo de não demissão. A cisão de certas áreas de atividade ou unidades de negócios é uma maneira de melhorar a eficiência e de reduzir o efetivo de pessoal.

Um dos aspectos mais importantes é garantir que o pessoal da empresa adquirida compreenda perfeitamente os objetivos da aquisição, os planos para o futuro e a maneira como serão implementados.

Outro modo de conquistar a boa vontade da população e dos trabalhadores locais é desenvolver bons programas de recolocação e de reciclagem para os empregados a serem desligados. A mensagem é clara: "Não estamos apenas chutando-o porta afora – nós o ajudaremos a adquirir novas habilidades e a encontrar trabalho em outro lugar. Além disso, depois de alcançarmos as metas de produção e de aumentarmos a produtividade, precisaremos de mais pessoal e você será dos primeiros a ser procurado." Essa atitude aumenta o moral inclusive dos que ficam, porque todos gostam de trabalhar para uma empresa que se importa com seu pessoal.

Pergunte a qualquer consultor de fusões e aquisições por que muitas dessas operações fracassam e uma das três respostas mais frequentes enfatizará as falhas na reestruturação e na integração pós-aquisição. A integração é procedimento complexo. Envolve a motivação de todos os empregados remanescentes, empenhando-se em que os melhores tenham bons incentivos para continuar na empresa e identificando tão cedo quanto possível os potenciais conflitos de pessoal. Também envolve a coalescência de culturas e estruturas organizacionais e o engajamento de novos empregados em novas atividades. Os gestores de integração habilidosos devem trabalhar em estreito entrosamento com consultorias externas de recursos humanos, especializadas em questões de integração. Um dos aspectos mais importantes é garantir que o pessoal da empresa adquirida compreenda perfeitamente os objetivos da aquisição, os planos para o futuro e a maneira como serão implementados.

Mark Hamill, da Spengler Fox, tem experiência nessa área:

> Fomos contratados recentemente para substituir quatro dos cinco membros do conselho executivo de uma empresa adquirida, que haviam renunciado três meses depois da aquisição. Isso deixou a empresa em situação precária, com uma equipe local muito frágil. O impacto teria sido muito menor se tivéssemos sido chamados antes para fazer uma auditoria de talentos, além da aplicação de outras ferramentas de RH. Esse processo teria gerado informações valiosas, possibilitando que reduzíssemos substancialmente o prazo de substituição de pessoal e que nos preparássemos para os piores cenários.

CAPÍTULO 6

DICAS PARA SOBREVIVÊNCIA E AVANÇO DOS EXECUTIVOS NOS MERCADOS EMERGENTES

Quando, afinal, descobri o significado da vida, alguém o mudou.

George Carlin

SOBREVIVER NUMA POSIÇÃO DE LIDERANÇA, em âmbitos nacional, regional ou internacional, está ficando cada vez mais complicado. Os mandatos se encurtam; as empresas globais estão impacientes com quem não produz com rapidez e/ou consistência e se mostram ainda mais intolerantes em relação ao não cumprimento de metas. Com efeito, meus registros esparsos e não científicos de clientes que perderam os cargos nos últimos cinco anos revelam que a probabilidade de ser afastado por não cumprir as metas é maior que no caso de qualquer outro "pecado". Quem cresce menos mas atinge os objetivos geralmente sobrevive. Essa tendência indica como o mundo dos negócios se tornou estranho. Porém, quase todo o mundo agora aceita que isso é normal. Com base na observação dos sobreviventes no ambiente de negócios ao longo dos últimos 20 anos, reuni algumas pérolas de sabedoria, às vezes até divertidas, sobre a sobrevivência e o progresso dos executivos nos mercados emergentes. Ei-las:

ACEITE E ABRACE A ESTRATÉGIA DE CRESCIMENTO – OU AO MENOS FINJA COM TODA A CONVICÇÃO

Não se passa um ano sem que alguém o procure com mais uma estratégia de "intensificação do esforço" ou de "aceleração do crescimento". E sua sensação sempre é a de *déjà vu*. Você pode apostar, em especial, que qualquer novo gestor o incumbirá de realizar meta extremamente ousada, pressionando-o a cumpri-la em prazo incrivelmente curto. Querem que você se envolva, exigem que produza crescimento vertiginoso em seu território ou unidade de negócios, e cobram sua mais absoluta cooperação e comprometimento. Eles lhe imporão metas gigantescas como: "Você está vendendo 100 unidades agora, mas queremos que aumente esse volume para 100 unidades em três anos. Como fará? Apresente suas ideias e não diga que é impossível. Você está operando em um mercado emergente que, por definição, é de crescimento acelerado. Assim sendo, por que suas vendas não estão disparando? Quadruplique suas vendas ou procuraremos outra pessoa capaz de fazê-lo!"

Você precisa do emprego e não tem muita escolha senão aceitar o ditame do crescimento. Pode até pensar em ir embora, mas não tenha a ilusão de que será diferente em outra empresa, uma vez que todas estão obcecadas em buscar mais crescimento nos mercados emergentes. Se você acha que o que estão exigindo é impossível (como é o caso de muitos executivos), continue jogando, se quiser manter o emprego. Se estiver em vias de se aposentar e não gostar do novo gestor, mande-o para o inferno e aceite a proposta de aposentadoria antecipada. Ou, melhor ainda, prometa atingir a meta, não a cumpra e depois se aposente. Assim, aquele "babaca" acima de você também não cumprirá as metas que assumiu com o chefe. Mas, se realmente curtir o estresse de empurrar o negócio para a frente em ritmo vertiginoso (e muitos gestores que eu conheço de fato acham que "estresse é bom", assim como a ganância), o que seria melhor que um bom cargo em um mercado emergente onde se precisa de crescimento das vendas cada vez mais rápido? Promover crescimento acelerado consistente em mercados emergentes é um estilo de vida que não serve para muita gente. Porém, conheço numerosos executivos que, sinceramente, curtem a correria e as pressões, embora muitos outros estejam tentando navegar em águas menos turbulentas, com mais cautela, menos desgaste, apenas fingindo que estão empenhados em cumprir as metas.

No fim das contas, mesmo que não goste da última versão da "estratégia de crescimento acelerado", mas *ainda* se importe com o emprego e o salário, você e a equipe apresentarão numerosas ideias sobre como alcançar os resultados. E não se esqueça de deixar claro para o cara de cima como você e sua equipe estão empolgados com todo esse clima de "avançar a toda velocidade". Nunca, jamais, demonstre qualquer dúvida sobre a viabilidade da proposta. E sempre se mostre vibrante e feérico. O andar de cima deve ver você e a equipe como a turma do "sim, podemos", sempre dispostos, perseverantes e criativos. Você também precisa manter a aparência exuberante para um segundo exercício importante, chamado "gestão das subestimativas", porque, lembre-se, a última coisa que você quer é aceitar uma meta ousada e não cumpri-la.

Um diretor regional que conheço há anos admite:

> Quando converso com meus gestores nacionais sobre crescimento acelerado e metas ousadas, sei que muitos deles me consideram idiota e acham que nem eu acredito nas metas exigidas. Da mesma maneira como acham que sou idiota, eu também acho que meu chefe global é idiota por me impor números tão distendidos. Conheço bem meu chefe e sei que ele não é idiota, mas ele acha que o CEO é idiota por exigir-lhe que obrigue as equipes de todo o mundo a crescer com tanta rapidez. Talvez se possa concluir que não passamos de um bando de idiotas, que trabalham para acionistas extremamente ricos, para torná-los ainda mais ricos. Mas a vida é assim! Agora, estão lançando planos de opções sobre ações até em níveis mais baixos da organização, em mercados emergentes, para que todos se sintam donos.

GERENCIE PROATIVAMENTE AS EXPECTATIVAS PARA BAIXO, O TEMPO TODO

Em um mundo em que todos acima de você sempre repetem "Quero mais", uma das habilidades gerenciais mais importantes nos mercados emergentes é sempre administrar as expectativas para baixo. Isso é mais fácil de fazer quando você é visto como o cara do "sim, podemos", que é convictamente (ou finge ser convictamente) defensor perpétuo ou promotor inveterado do crescimento acelerado. O objetivo final da gestão de estimativas é:

a) Puxar para baixo a meta ousada, para que ela realmente seja factível ou, melhor ainda, superável.

b) Deixar claro para o andar de cima tudo o que pode dar errado, mormente fatores externos sobre os quais você não exerce qualquer influência. Dessa maneira, você tem pelo menos alguma coisa no papel que diz: "Eu adverti que isso não era realista."

Gerenciar expectativas é exercício de equilíbrio refinado. De um lado, você ainda deve ser o "cara que adora crescimento", mas, de outro, você precisa baixar as metas ousadas originais por pelo menos duas razões: primeiro, a probabilidade de perder o emprego por não cumprir as metas é mais alta que em qualquer outra hipótese. Segundo, é desejável que a meta seja a mais baixa possível, para ser superável. Os caras que mais progridem nas organizações são os que sempre superam as metas.

E, então, como agir assim? Ao se preparar para o crescimento acelerado, inclusive desenvolvendo planos, observe todos os aspectos que podem dar errado. Por exemplo, não podemos crescer com muita rapidez no mercado A, porque vamos substituir aquele mau distribuidor; nem no mercado B, porque não temos presença local; nem no mercado C, porque estamos em ano eleitoral, e os pedidos caem muito nos quatro meses anteriores à eleição; nem no mercado D, porque a crise econômica tende a agravar-se, com alta probabilidade de desvalorização cambial nos próximos meses; nem no mercado E, se não investirmos na construção da marca, o que afetará o lucro no curto prazo etc. etc. Portanto, ao pensar em crescimento, considere seriamente todos os obstáculos possíveis, país a país, capazes de comprometer o plano de crescimento.

E, depois de dar as boas notícias sobre o crescimento, deixe claro para o pessoal do andar de cima todos os fatores que podem prejudicar o plano. Aqui você tem um aliado natural. Nenhum de seus superiores hierárquicos admite não cumprir as próprias metas, razão por que têm interesse em ouvir e absorver o que você aponta como risco do negócio. Lembre-se de que também eles querem proteger a própria pele, o que significa cumprir o prometido. Ao expor os riscos, você está cobrindo as próprias costas, mas também está oferecendo meios aos seus chefes para gerenciar as expectativas das pessoas a quem prestam contas.

Bom argumento a expor nessas apresentações é: "As oportunidades são ótimas, mas ninguém quer definir metas irrealistas que não serão cumpridas." Outro arrazoado relevante é: "Não queremos prometer crescimento muito rápido no ano um, quando ainda não teremos criado as condições necessárias para o crescimento acelerado nos anos subsequentes."

Gerencie constantemente as expectativas. Para tanto, é necessário monitorar continuamente os mercados de perto, prever o que pode não dar certo e antecipar-se a novos riscos que despontem no horizonte. Além disso, tudo tem a ver com comunicação, comunicação e comunicação. Porém, jamais se queixe logo de cara. Em vez disso, primeiro seja positivo e em seguida fale dos riscos.

GERENCIE AS EXPECTATIVAS DURANTE TODO O PERCURSO, ATÉ O TOPO – LEVE O PESSOAL DO ANDAR DE CIMA PARA VISITAR A ÁREA

Ao visitar certas regiões, os executivos da matriz sempre ingerem certa dose de realidade. Veem as oportunidades e as ameaças com os próprios olhos. Portanto, se a visita for bem organizada, suas comunicações com o topo sobre crescimento possível e obstáculos potenciais irão se tornar mais fáceis. A alta administração precisa desenvolver a percepção do que pode dar certo e do que pode dar errado. Lembre-se de que seu CEO também precisa gerenciar as expectativas do mercado, do conselho de administração e dos acionistas. De modo algum ele pretende explicar a toda hora por que não cumpriu as metas trimestrais.

As inspeções de campo também são úteis porque o CEO e os altos executivos tendem a fazer muitas perguntas pertinentes e podem oferecer ao pessoal da área novas perspectivas baseadas em sua longa experiência. Como chefe de uma área geográfica, ninguém quer convidar apenas o CEO. Também é bom chamar outras pessoas. Se a intenção for pedir mais recursos ou puxar para baixo as expectativas, será preciso envolver um grupo mais amplo do topo, que compreenda o que e por que se está dizendo. Não adianta convidar só o CEO. Sempre haverá executivos da matriz que nutrem preconceitos sobre algumas áreas da empresa, o que precisa ser combatido, chamando-os para ver a realidade em primeira mão.

Além disso, não se limite a levá-los para os melhores hotéis e restaurantes e a entrar e sair da sala de reuniões. Leve-os para visitar os clientes, não só da empresa, mas também dos concorrentes, para que ouçam as razões de suas preferências (quem sabe, talvez o portfólio dos concorrentes seja melhor).

Prepare descrições objetivas e incisivas de sua área, com antecedência suficiente para que tenham tempo de absorver a mensagem. Crie oportunidades para que também conheçam seu pessoal – não só você – e não deixe de levá-los a algumas áreas pobres do país, para verem que nem tudo é perfeito. E convide alguém do governo para explicar as tendências da economia e dos negócios de sua área (sempre se confia mais no pessoal de fora).

Ao fazer suas exposições, mostre-se entusiasmado com o crescimento, mas seja realista quanto aos riscos. Empenhe-se para que vejam ambos os lados da moeda com muita clareza. Apresente algumas novas ideias e iniciativas sobre o crescimento. E, com o máximo de objetividade, prepare alguns dados comparativos que mostrem seus níveis de participação no mercado. Se, por exemplo, as vendas de seus concorrentes na Índia corresponderem a 5% das vendas globais deles e as suas forem de apenas 2% no mesmo mercado em relação às suas vendas globais, isso significa que sua penetração no mercado é baixa, provavelmente em consequência de falta de investimentos iniciais.

Demonstre que seus concorrentes estão conquistando mercado e explique as razões, que geralmente se resumem em superioridade de recursos. Esse aspecto é fundamental, caso você pretenda abordá-los com a grande questão: "Será que eu consigo mais recursos para alcançar o crescimento almejado?" Lembre-se de que muito pior é acabar com metas ousadas sem recursos para cumpri-las adequadamente. E, ao longo dos anos, já vi muitos executivos nessa terrível armadilha, das quais nem sempre conseguem desvencilhar-se.

TRABALHE COM METAS REALISTAS E SUSTENTÁVEIS

Embora, na superfície, você esteja no jogo de aumentar a receita e o lucro, a maioria dos executivos admite que, na verdade, o importante é cumprir as metas, para sobreviver, e superar as metas, para prosperar. Com base nessa premissa, parte de suas energias deve ser canalizada para definir metas de crescimento realistas para os mercados sob sua responsabilidade. Para tanto, é preciso monitorar as condições e as tendências econômicas com regularidade (ou contar com uma organização externa que o ajude nessa tarefa). Também é necessário avaliar tudo o que pode dar errado e lançar essas contingências

> O importante é cumprir as metas, para sobreviver, e superar as metas, para prosperar

como nota de rodapé na planilha de seu orçamento. ("Disse ao CEO que a moeda pode desvalorizar-se e que nosso negócio sofreria as consequências.") Proteja-se, advertindo o andar de cima quanto aos riscos.

A dura realidade é que as metas devem ser não só realistas e compatíveis com sua alocação de recursos, mas também *sustentáveis*. Não se contribui muito para a prosperidade do negócio quando se tem um ótimo ano, em que os resultados financeiros melhoraram muito, em consequência de drástica redução nos custos (o que qualquer um pode fazer), para em seguida entrar em fase de baixo crescimento, em decorrência de falta de recursos. As metas devem ser sustentáveis ano após ano. Tente determinar com sua equipe qual é a taxa de investimento sustentável para a receita e para o lucro nos próximos três a cinco anos, em cada mercado emergente; analise as causas e as explique ao escalão superior. Os CEOs, cada vez mais, estão interessados em crescimento sustentável e essa abordagem terá repercussões positivas. Lembre-se de que seu CEO também prosperará se gerar crescimento consistente por períodos mais longos.

NUNCA REVELE TODOS OS SEUS TRUNFOS AO ANDAR DE CIMA – TENHA UM ORÇAMENTO NÃO OFICIAL

Sempre tenha algumas cartas ocultas na manga, algo a que você possa recorrer em um trimestre ou um ano. Isso funciona como contingência – é a ferramenta de proteção de sua carreira. Esse tipo de contingência é útil em mercados emergentes, onde as coisas raramente acontecem de acordo com os planos: perdem-se alguns negócios no último minuto, os governos caem, as moedas se desvalorizam ou ocorre qualquer outro imprevisto.

Em consequência, você e sua equipe sempre devem trabalhar com mais projetos e planos do que os efetivamente previstos no orçamento. Você precisa ter um orçamento oficial e outro oficioso. Alguns executivos inteligentes que conheço bem dizem a seus subordinados que o orçamento oficioso é de fato o real, para que todos o tratem com o máximo de seriedade e foco. A lógica aqui é simples: como parte das vendas previstas no orçamento oficioso de fato não ocorrerá, quando elas não se consumarem você acabará exatamente na situação prevista no orçamento oficial, mais baixo.

CAPÍTULO 7

MELHORES PRÁTICAS PARA EMPRESAS DE MÉDIO PORTE QUE EVOLUEM DE REGIONAIS A GLOBAIS

Se você se acha pequeno demais para causar impacto, tente dormir com um mosquito no quarto.

Betty Reese

NUMEROSAS EMPRESAS DE MÉDIO PORTE, em quantidades crescentes, oriundas em grande parte (mas não exclusivamente) do mundo desenvolvido, estão ansiosas por expandir seus negócios de exportação para países vizinhos, em âmbito regional ou até global. Muitas se dão conta de que cresceram mais que seus mercados internos e, como as empresas maiores, tentam encontrar oportunidades de crescimento em outros lugares. Mesmo as empresas pequenas estão olhando, cada vez mais, para fora (estas tendem a ser, mormente, atores de nicho, capazes de usar a tecnologia para rapidamente vender seus produtos em qualquer lugar do planeta). Neste breve capítulo, concentrarei o foco, principalmente, em empresas de médio porte, com músculos suficientes para tentar, pelo menos, uma expansão global limitada.

Nos últimos anos, tive o prazer de interagir com muitas empresas de médio porte, que estavam ansiosas por expandir seu negócio de exportações. Algumas delas eram originárias, efetivamente, de mercados emergentes e sentiam que haviam saturado seus mercados domésticos. Em meu trabalho com elas, percebi que muitas estavam cometendo erros críticos, ao pensar em como ampliar suas vendas para mercados externos. Abaixo, apresento uma lista de recomendações baseadas em minhas observações de como, no passado recente, empresas de médio porte se transformaram em multinacionais.

COMPREENDA O MERCADO ANTES DE FAZER QUALQUER OUTRA COISA

Você não é uma grande multinacional, mas tampouco é uma loja de "papai e mamãe". Portanto, terá de investir antecipadamente para conhecer e compreender os mercados. Entre os temas importantes destacam-se:

- Tamanho e potencial do mercado.
- Consumidores e clientes locais.
- Perspectiva econômica.
- Principais aspectos do ambiente de negócios no presente e no futuro (inclusive, por exemplo, tarifas, corrupção, políticas públicas em relação às empresas privadas e arcabouço legal).
- Dinâmica de distribuição e principais atores (inclusive facilidade ou dificuldade de ter acesso a financiamento).
- Investigação de todos os concorrentes e respectivos preços/produtos/operações.
- Custo da construção adequada da marca.

Quase todas as empresas de médio porte que conheci expressam algum tipo de arrependimento por não terem pesquisado e estudado com mais profundidade seus mercados.

AJA COM EXTREMA CAUTELA E PESQUISE EM PROFUNDIDADE AO DEFINIR AONDE IR PRIMEIRO

Para as empresas de médio porte, com recursos limitados, é extremamente importante primeiro entrar em mercados capazes de oferecer retornos mais rápidos. Esses retornos podem ser usados para reinvestir nos mesmos mercados, assim como para investir na abertura de negócios em outros países. Os pontos de pesquisa que mencionei no parágrafo anterior servem para orientar no mapeamento dos mercados potenciais e na identificação daqueles que oferecerão os melhores retornos, com mais rapidez.

CONCENTRE-SE NA SUSTENTABILIDADE DO NEGÓCIO, E NÃO NO AUMENTO RÁPIDO DAS VENDAS

A maioria das empresas de médio porte nomeia um gerente de exportações responsável pela busca de distribuidores em tantas regiões quanto possível. Eles viajam, encontram revendedores e distribuidores potenciais, assinam contratos e acompanham os primeiros embarques. E ficam satisfeitos porque o negócio parece estar andando. Contudo, não raro têm surpresas desagradáveis quando os distribuidores locais cancelam os pedidos.

A conversa típica se desenrola mais ou menos nos seguintes termos:

Distribuidor: "Sinto muito, mas vamos cancelar o próximo pedido. Não estamos vendendo bem. Ainda não vendemos nem metade do último lote que você embarcou."

Diretor de exportação: "O que está acontecendo? É alguma coisa com a economia, de que não temos conhecimento? Por acaso há algo errado com o produto?"

Distribuidor: "Não, não, tudo bem com a economia e com o produto, mas poucas pessoas o conhecem e, portanto, a procura é muito pequena..."

Diretor de exportação: "Mas sua campanha de marketing não está gerando alguma demanda?"

Distribuidor: "Bem, para ser honesto, tivemos algumas dificuldades financeiras desde o começo do ano e precisamos adiar a campanha de marketing. Na verdade, não temos certeza de quanto podemos gastar com ela no futuro próximo."

Diretor de exportações: "Mas, pelo nosso contrato, você se comprometeu a fazer campanhas de marketing regulares dos nossos produtos..."

Distribuidor: "Sinto muito, mas não foi possível..."

Diretor de exportações: "Mas você está infringindo o contrato."

Distribuidor: "Desculpe, não estou ouvindo. A linha está falhando... alô, alô..."

Diretor de exportações: "Alô, alô, você está ouvindo...? Merda! Alô!"

Quando apresento essa breve conversa aos participantes de nossos eventos, sempre ouço muitas risadas, porque quase todos os gerentes de exportação já passaram por algo parecido, de uma forma ou de outra.

Muitas empresas iniciam negócios em mercados emergentes que não duram (pior caso) ou não crescem bem (melhor caso). Sempre digo a meus clientes de médio porte que é melhor concentrar-se em menos mercados e cuidar deles que nomear enorme quantidade de distribuidores em numerosas regiões. Como no caso das empresas de grande porte, a administração "ponte aérea", sem foco na construção da marca e sem presença física na área, não funciona. Isso significa desenvolver no novo mercado tudo o que se faz no mercado doméstico: controlar e investir continuamente no mix de marketing. Essa é a única maneira de os exportadores criarem o que denomino "poder duradouro" nos países.

EXPLORE SEU TAMANHO COMPACTO PARA SER MAIS ÁGIL E MAIS RÁPIDO QUE AS GRANDES EMPRESAS

Muitos de meus grandes clientes, com frequência crescente, contam histórias de empresas de médio porte que conquistam mercados nos países emergentes, considerando-os concorrentes incômodos porque, como garotões, não gostam de apanhar de pirralhos. No entanto, também demonstram respeito pela velocidade das decisões e pela capacidade de conquistar nichos, de cobrar preços atrativos e de oferecer alta qualidade. Essas são vantagens típicas, inerentes às empresas de médio porte, que podem ser usadas na batalha com empresas de grande porte, geralmente inflexíveis. Digo às empresas de médio porte para, proativamente, mapear em detalhes as atividades dos concorrentes maiores, inclusive observando seus produtos e seu posicionamento. Essas análises geralmente revelam lacunas na estratégia e na abordagem dos atores maiores. O objetivo é explorar essas lacunas com agressividade.

CONSTITUA, PRIMEIRO, ESCRITÓRIOS REGIONAIS E, DEPOIS, ESCRITÓRIOS NACIONAIS

Como o objetivo do jogo é exercer maior controle sobre o negócio para torná-lo mais duradouro (embora, ao mesmo tempo, os recursos sejam mais limitados que nas grandes empresas), é fundamental constituir quatro ou cinco pequenos eixos regionais nos principais mercados emergentes. No começo, essas configurações podem ser do tipo "um homem e seu cão", mas o objetivo é aproximar-se dos distribuidores, trabalhar com eles e começar a compreender como desenvolver marcas em mercados selecionados.

Essa solução é melhor que ter um gerente de exportação que, digamos, mora na Alemanha ou na Suécia, mas passa a vida em voos intercontinentais. A distância em relação aos distribuidores e consumidores/clientes realmente é perniciosa. Os escritórios que atuam como pequenos eixos regionais ao menos oferecem um mínimo de participação nas atividades locais e algum aprendizado pelas empresas sobre os mercados locais, sobre as tendências deles e sobre a alocação de recursos no futuro.

Esses escritórios não acarretam despesas sufocantes para uma empresa de médio porte (nem mesmo para empresas menores que faturam por ano algo em torno de US$100 milhões), ao passo que as vantagens ao longo do tempo são enormes em termos de marcação de presença e de crescimento consistente.

EMPENHE-SE EM SELECIONAR AS PESSOAS CERTAS PARA DIRIGIR SEU NEGÓCIO DE EXPORTAÇÃO E SUA EXPANSÃO INTERNACIONAL

Muitas empresas de médio porte se limitam a escolher alguém da organização existente para desenvolver seu negócio de exportação. Essas pessoas, embora sempre capazes e inteligentes, em geral não são os melhores candidatos. Carecem da indispensável experiência internacional, uma vez que grande parte de sua vida profissional e pessoal transcorreu em mercados domésticos (geralmente desenvolvidos).

As empresas acabam constatando que investir em pessoas com a experiência certa em negócios internacionais resulta em crescimento muito mais rápido e consistente. É investimento que se justifica. Isso se aplica não só ao chefe de exportação, que atua na sede, mas também às pessoas que coordenam distribuidores e controlam o negócio a partir de eixos regionais ou locais.

CONCENTRE-SE NO TESTE DOS PRODUTOS E SERVIÇOS ANTES DE LANÇÁ-LOS

Um mínimo de pesquisas prévias contribui em muito para a compreensão dos novos mercados, mas conversar com os compradores potenciais antes de entrar no mercado pode resultar em viradas imprevistas na equação. Conversas qualitativas não raro são extremamente reveladoras na avaliação da demanda potencial e na identificação de possíveis armadilhas. As despesas não são grandes, mas os benefícios são imensos para o correto posicionamento do produto e para a conquista dos consumidores locais.

Caso você necessite de varejistas, vale a pena conversar para ouvir as opiniões deles sobre seu produto e sobre o que esperam de sua empresa e para conhecer as valiosas opiniões deles sobre o mercado.

CONCENTRE FOCO AINDA MAIS INTENSO NOS PAÍSES PEQUENOS, COM MENOS CONCORRENTES

Numerosos grandes atores continuam a convergir para grandes mercados. A competição é intensa, com o agravamento das guerras de preços. A janela de oportunidades para entrar e para sustentar o negócio se estreita. Contudo, muitos desses grandes atores ainda negligenciam os países menores, onde a competição é menos feroz. Portanto, as empresas de médio porte também devem avaliar os mercados menores como parte de seu exercício de priorização.

POR ÚLTIMO, MAS NÃO MENOS IMPORTANTE: APLIQUE OS ENSINAMENTOS DESTE LIVRO

As lições sobre RH, as dicas sobre excelência em marketing (em especial, as referentes à busca de distribuidores e ao relacionamento com eles) e as orientações estratégicas sobre sustentabilidade devem ser, tanto quanto possível, fatores-chave da expansão internacional das empresas de médio porte. De início, os mercados que exigem grandes recursos serão inacessíveis, mas com a priorização inteligente dos alvos de expansão (dos mais promissores para os menos promissores), as empresas de médio porte podem gerar recursos suficientes para começar a aprofundar sua presença local.

CAPÍTULO 8

PERSPECTIVAS ECONÔMICAS ESTRATÉGICAS E EMPRESARIAIS POR REGIÃO*

A única função das previsões econômicas é dar aparência respeitável à astrologia.

J.K. Galbraith

OFEREÇO AQUI BREVE análise das perspectivas econômicas de importância estratégica para as regiões emergentes e para alguns de seus principais mercados. Trata-se apenas de um sumário executivo. Para mais ideias sobre os diferentes mercados, por favor, procure o autor.

ÁSIA EMERGENTE

"Está em plena bonança, mas já passamos por isso antes. Todas as economias asiáticas eram *tigres* na década de 1990 e todas acabaram em lágrimas, exceto a China. Receio que estejamos em outro ciclo de bonança e recessão, como ocorreu em 1997." Essas são as palavras de um alto executivo que estava na Ásia na década de 1990. Muitas empresas perderam muito dinheiro depois da crise de 1997, e não precisa dizer que alguns executivos ainda estão muito céticos quanto à sustentabilidade do crescimento na região.

Porém, a Ásia emergente do final da década de 1990 e a de hoje são lugares muito diferentes. Se houver grande saída de capitais de curto prazo hoje (o

---

* Essa visão geral é um sumário executivo. Para mais informações ou para apresentação mais detalhada sobre as economias dos mercados emergentes, por favor, entre em contato com o autor em nenad.pacek@globalsuccessadvisors.eu

que, em grande parte, deflagrou a crise de 1997), a maioria dos países da Ásia emergente terá reservas internacionais em moeda estrangeira suficientes para defender suas moedas, se quiserem, em vez de recorrer ao FMI, de chapéu na mão, em busca de ajuda financeira (que sempre exige em troca programas de austeridade que matam o crescimento durante algum tempo).

Desde o colapso de 1997, a maioria das economias da Ásia emergente promoveu melhorias incríveis em seus fundamentos econômicos (dívida pública, dívida externa, níveis de reservas cambiais, orçamentos, contas-correntes), em sua competitividade e na qualidade dos produtos, assim como acelerou suas máquinas de exportação. Muitas têm algo bom a vender ao mundo. Há quem o denomine "dependência de exportações"; porém, desde que as exportações sejam diversificadas e se destinem a mercados globais, a dependência é positiva. Ao avançarem, todas as economias asiáticas terão de gastar mais no mercado interno, o que já está acontecendo, mas aos poucos. O fato de a Ásia emergente continuar aumentando os gastos internos no próximo decênio e nos anos subsequentes é notícia maravilhosa para o planejamento e para as iniciativas de crescimento das empresas. Vejamos como a Ásia emergente está melhorando seus fundamentos.

- Primeiro, a dívida externa acumulada é muito pequena. A média ponderada dos principais mercados corresponde a apenas 17% do PIB regional (em geral, os países precisam de ajuda externa quando a relação atinge 70% do PIB). Esse é o nível de dívida externa mais baixo do mundo.
- Segundo, a dívida pública (que hoje é ônus tão grande nos Estados Unidos, na Zona do Euro e no Japão) é de apenas 33% do PIB regional (cerca de um terço da dívida pública média da Zona do Euro e dos Estados Unidos). Qualquer coisa abaixo de 60% do PIB é considerada sustentável. O importante sobre esses números é mostrarem que a Ásia emergente não precisará desalavancar-se em tempos de crise econômica. Sem essa necessidade, a região será capaz de alcançar seu crescimento potencial e de continuar aumentando seu poder de compra.
- Terceiro, as reservas internacionais se aproximam de US$6 trilhões, o maior acúmulo em qualquer região do mundo (esse número exclui Japão e alguns mercados pequenos, como Sri Lanka ou Butão). Com efeito, a Ásia hoje detém cerca de 70% da totalidade das reservas

internacionais das economias emergentes. Essas reservas continuarão a crescer, à medida que os governos continuarem a comprar moeda estrangeira no intuito de manter suas moedas relativamente baratas em apoio às suas estratégias de exportação.
- Quarto, a região gera superávit em conta-corrente, algo raro hoje em dia no mundo. Com efeito, todos os grandes mercados asiáticos produzem superávit, exceto a Índia. Esse fato demonstra a estabilidade cambial subjacente e, com muita probabilidade, tendência de valorização cambial no futuro. Com efeito, nos próximos 5 a 10 anos, as moedas de todas as economias emergentes da Ásia deverão valorizar-se em termos nominais e reais. Porém, os governos asiáticos também interferirão contra a valorização excessiva. Cabe aqui uma recomendação de cautela. Mais adiante, neste capítulo, escrevo sobre as entradas e saídas de dinheiro quente (*hot money*), o que pode afetar as moedas asiáticas no curto prazo, de maneira imprevisível; mas o importante a ter em mente é que os países podem optar por defender suas moedas com reservas fortes. Eles não tinham essa escolha nos idos de 1997-98.
- Quinto, o déficit orçamentário regional é baixo, situando-se em torno de 2% do PIB, e apenas na Índia, na Malásia e no Vietnã é mais alto em comparação com os padrões internacionais.

RESILIÊNCIA DOS MERCADOS ASIÁTICOS

A Ásia emergente é hoje a região em mais rápido crescimento do mundo, tanto em termos de crescimento econômico quanto, para muitas empresas, também do ponto de vista de vendas. Essa tendência tende a prosseguir pelos próximos 5 a 10 anos, e talvez além disso. A resiliência da região durante a crise foi notável. Quando a maioria das economias mundiais entrou em colapso, em 2009, a Ásia emergente cresceu mais de 5%. O crescimento explodiu para quase 9%, em 2010, superando com facilidade todas as outras regiões. Nos próximos cinco anos, a Ásia emergente crescerá a cerca de 7%, acima de todos os outros países emergentes, para não falar no mundo desenvolvido. Sem dúvida, o crescimento da China não é sustentável a esses níveis, mas, politicamente, será impossível permitir que as taxas de crescimento caiam abaixo do nível de criação de emprego. A boa notícia sobre o crescimento na Ásia emergente é o fato de ter base ampla, apoiando-se em exportações, em demanda interna crescente e, também (ao contrário do mundo desenvolvido), em grandes aumentos no crédito interno.

A maioria dos governos reagiu bem à crise de 2009, promovendo enormes pacotes de estímulo fiscal, cortes profundos nas taxas de juros e garantias de emprego. Quando a confiança privada e pública despencou em todo o mundo, inclusive na região, a maioria dos governos da Ásia emergente, ao contrário do que ocorreu nos países desenvolvidos, não precisou desalavancar.

Os executivos que dirigem operações globais e regionais devem manter-se otimistas sobre as perspectivas econômicas e empresariais na região. As moedas continuarão a valorizar-se e, aos poucos, proporção cada vez maior do crescimento econômico será gerada por aumentos na demanda interna (famílias, empresas e governos). Não passa de mito a afirmação de que os consumidores da Ásia emergente não estão gastando mais que antes. Nos últimos seis anos, os gastos no varejo cresceram mais de 60%, sendo provável que continuem aumentando no futuro próximo.

Do ponto de vista estratégico, faz muito sentido para as empresas tratar a Ásia emergente como maior prioridade dos investimentos em novos negócios e explorar com mais profundidade todas as oportunidades de vendas e fabricação. A China e a Índia continuarão a impulsionar o crescimento regional, mas as empresas não devem ignorar outros mercados. Países como Indonésia e Malásia continuarão a produzir bons resultados. Os executivos devem atentar para os déficits gêmeos e para algumas políticas públicas insustentáveis no Vietnã, observar se a dívida pública da Índia não avança para níveis ainda mais elevados que os de hoje, compreender que a taxa de poupança na Coreia é baixa e ficar de olho nos riscos políticos da Tailândia. No todo, esses riscos são relativamente pequenos e gerenciáveis, na opinião de executivos tarimbados, e não comprometem as perspectivas amplamente positivas da região.

CHINA

A China continuará a dar-se bem, sob o impulso de gastos internos crescentes (as vendas no varejo aumentam hoje 14% ao ano, sucessivamente), assim como por força da orientação da economia para as exportações, com base no yuan desvalorizado e na gestão econômica proativa (no caso de recessão, decerto ocorrerá outra rodada de estímulos monetários e fiscais). Não acredito que a China permitirá a rápida valorização do yuan no futuro previsível (é até possível que o force para baixo temporariamente, com o objetivo de manter o crescimento das exportações, na medida em que enfrentarmos um 2012 fraco para os mercados mundiais). O crescimento das exportações é muito importante para a criação de empregos. O melhor que os executivos podem esperar em relação ao valor do yuan é valorização anual de 5% em comparação com as moedas mundiais, o que ajudará as vendas nos anos vindouros. É difícil imaginar que as autoridades chinesas permitam que o crescimento da economia caia a menos de 8% ao ano, pelo menos nos próximos cinco anos. Qualquer coisa abaixo de 8% não gera empregos suficientes e solapa o poder do regime.

A China deve ser uma das maiores prioridades das empresas nos próximos anos. Sabemos que, um dia, ocorrerão mudanças políticas na China, assim como também estamos conscientes de que talvez seja um processo confuso. Esse é o risco das empresas que continuam investindo em ativos fixos na China. Porém, ao mesmo tempo, a quantificação desse risco é extremamente difícil. A democratização da China pode irromper na próxima semana, ou talvez nos próximos 20 anos, ou quem sabe somente nos 50 anos vindouros. E, como a previsão é tão difícil, as empresas devem continuar vendendo, em condições de riscos calculados, quando se trata de investir em ativos fixos.

ÍNDIA

As perspectivas econômicas da Índia talvez sejam menos certas, em razão de políticas econômicas incoerentes, corrupção crescente, paralisia política frequente e reviravoltas do governo que impactam as empresas e o crescimento econômico. Porém, o tamanho do mercado em si impõe que todas as empresas que levam a sério o crescimento imaginem como crescer na Índia e como superar os concorrentes em bases sustentáveis. Apesar das perspectivas relativamente incertas, é importante lembrar-se de que será muito espantoso que a Índia cresça a menos de 6% ao ano nos próximos 10 anos. E, evidentemente, o lado positivo desse cenário é bom.

Para concluir, os maiores países da Ásia emergente devem ser vencedores econômicos no decênio vindouro, com a possível exceção do Vietnã, cujos déficits gêmeos relativamente altos (se não forem gerenciados com rapidez) podem empurrar o país para situação de tumulto econômico temporário.

AMÉRICA LATINA

Quando menciono América Latina como futura oportunidade de negócios para altos executivos globais, em vias de aposentadoria, a reação usual é de ceticismo. "Já perdemos as calças algumas vezes lá e jamais voltaremos a investir muito na região", disse-me um executivo, recentemente. Se há um continente com longo histórico de calotes de dívida e de sérios problemas econômicos, a América Latina é o que logo vem à mente como símbolo dessa desordem nos círculos de negócios internacionais.

Mas história é uma coisa e realidade no presente é outra. As transformações econômicas, políticas e empresariais da última década têm sido notáveis em numerosos países importantes. Em 2010, a América Latina foi a segunda região com mais rápido crescimento no mundo, em termos de expansão da economia e de aumento das vendas das empresas. Em 2011, os resultados para as empresas continuaram bons, apesar de alguma desaceleração no crescimento do PIB, em consequência, mormente, da crise europeia, ainda não resolvida. A característica mais importante nessa conjuntura é que esse crescimento hoje se baseia em fundamentos econômicos muito melhores (dívida externa, dívida pública, reservas internacionais, conta-corrente, equilíbrio orçamentário). Com efeito, a América Latina, hoje, apresenta fundamentos econômicos mais fortes que em qualquer outra época. Isso é boa notícia para o futuro dos negócios. Vejamos alguns deles.

- Primeiro, a América Latina já não está excessivamente endividada, o que, durante muitos anos, foi seu calcanhar de aquiles. A dívida externa do continente, hoje, se situa entre as mais baixas do mundo, com a média ponderada regional dos principais mercados correspondendo a apenas 20% do PIB (a história econômica indica que os países, em geral, partem para o calote ou enfrentam problemas quando a dívida externa chega a 70% do PIB).
- Segundo, a dívida pública é apenas de 45% da dívida regional, menos que metade do nível predominante na Zona do Euro e nos Estados

Unidos. Pelo menos sob esse critério, a maioria das economias da América Latina se qualificaria para ingressar na Zona do Euro – ao contrário da maioria dos atuais membros.
- Terceiro, as reservas internacionais mais que triplicaram nos últimos 10 anos e hoje são superiores a US$600 bilhões, nos principais mercados. Na hipótese de qualquer turbulência econômica, a maioria dos governos tem reservas suficientes para intervir nos mercados cambiais. Podem usar o lucro dos bancos centrais para fechar quaisquer déficits ou para fazer investimentos de longo prazo em gastos de infraestrutura e de educação.
- Quarto, o déficit em conta-corrente regional é extremamente baixo, correspondendo a apenas 1,5% do PIB regional. Em geral, as pressões cambiais começam quando o déficit em conta-corrente atinge ou ultrapassa 4% do PIB. Juntamente com as fortes entradas de investimentos estrangeiros diretos, isso demonstra estabilidade cambial subjacente. Se houver algum, o risco para as empresas é o excesso de entradas de capitais especulativos (como ocorre com o real brasileiro), que as autoridades querem gerenciar com mais eficácia. Essa situação talvez venha a ser a causa provável de outras desvalorizações no futuro, uma vez que algumas moedas podem estar supervalorizadas quando esta página foi escrita.
- Quinto, o déficit orçamentário é baixo como agregado regional (ao contrário do que ocorre na União Europeia, no Reino Unido e nos Estados Unidos), situando-se em cerca de 2,5% do PIB.
- Sexto, as taxas de juros ainda estão pairando em torno de baixa recorde, ajudando, assim, a melhorar o acesso de famílias e de empresas a financiamentos. E continuarão caindo no futuro (embora não em linha reta).

MUDANÇA POLÍTICA

Por trás dessa melhoria nos fundamentos, encontra-se transformação política notável. Vários anos atrás, eu estava presidindo importante convenção de negócios em Santiago, com a Presidente Michelle Bachelet e outros representantes do governo do Chile. Embora já tivesse presidido centenas de eventos daquela espécie em todo o mundo, não pude deixar de ficar impressionado com a qualidade do governo. E o mais notável para mim foi a falta de rigidez ideológica de qualquer espécie, algo de que todos precisamos muito hoje em dia. Quando observei durante uma sessão que eu não podia enquadrar aquele governo em nenhuma categoria econômica, a resposta veio de um dos principais ministros:

> De fato não nos importamos se uma ideia vem da direita ou da esquerda. Se acharmos que a ideia é boa para o desenvolvimento econômico do país, para melhorar a competitividade ou para reduzir a desigualdade em níveis sustentáveis, nós a adotaremos e a implementaremos, independentemente de sua origem ideológica.

É admirável ouvir isso em qualquer lugar, e ainda mais em um continente que, durante muitas décadas, foi o playground das potências da Guerra Fria, onde os países viviam na extrema-direita ou na extrema-esquerda. Hoje, prepondera mais pragmatismo político, não importa se em país de centro-esquerda, como o Brasil, ou de centro-direita, como a Colômbia. Sim, ainda temos alguns extremos, mas a sustentabilidade deles é questionável e seu número se reduz no continente. O Brasil é exemplo maravilhoso de pragmatismo econômico. Embora ainda promova uma agenda de crescimento econômico, de redução da desigualdade social e de aprofundamento dos programas sociais, o governo, ao mesmo tempo, não faz nada que possa prejudicar seu relacionamento com os mercados financeiros (do qual ainda depende em parte para financiamento). É um ato de equilíbrio que o Brasil desempenhou muito bem durante o mandato do ex-Presidente Lula.

As transformações políticas em curso resultam em políticas econômicas mais sustentáveis, em melhorias notáveis nos fundamentos, em expansão sem precedentes das empresas nacionais e em aumento inédito nos investimentos estrangeiros diretos, ao mesmo tempo que o compromisso em reduzir a desigualdade também melhorará a sustentabilidade do crescimento e ampliará as oportunidades para as empresas nos anos vindouros.

Estrategicamente, as empresas devem incluir a América Latina na lista das áreas que hoje merecem investimentos crescentes e presença local mais profunda.

CRESCIMENTO SUSTENTADO

O crescimento se revelou resiliente quando o PIB caiu apenas 1,8% durante a crise global. A recuperação de 2010 foi extraordinária e o crescimento superou 6%. O crescimento regional provavelmente continuará no nível de 4,5%-5% até 2020 (com desaceleração um tanto mais acentuada em 2012, em consequência da redução do crescimento da economia mundial). A maioria das moedas tende a sofrer pressões de valorização ao longo do tempo e algumas continuarão a ser alvos de portfólios de investimentos especulativos (significando que a volatilidade a curto prazo de algumas moedas é uma possibilidade). Depois que o FMI afirmou que, afinal, os controles sobre movimentos de capitais de curto prazo não são má ideia, podem-se esperar mais medidas dos governos da região para conter a entrada de capitais especulativos e a excessiva valorização cambial, além de níveis justificados pelos fundamentos, e a possibilidade de acentuadas desvalorizações subsequentes, quando o dinheiro especulativo repentinamente deixar o país (ver a seguir, breve discussão sobre os riscos econômicos nos mercados emergentes).

No entanto, os riscos ainda são muitos. Parte do crescimento da região ainda é impulsionada por commodities. A saída de dinheiro dos mercados de commodities comprometeria um pouco o crescimento da América Latina, e isso decerto acontecerá de tempos em tempos, uma vez que os mercados de commodities são esquizofrênicos.

O segundo risco, que é mais de médio prazo, decorre das seguintes questões: Será que os países da América Latina conseguirão diversificar suas economias, reduzir continuamente a desigualdade, combater a criminalidade e melhorar o acesso à educação em todos os níveis? A velocidade com que se tratar desses assuntos é importante. Caso predomine a percepção de que a estabilidade econômica não está gerando ganhos pessoais, agrava-se o perigo de que alguns países retrocedam para formas mais ideológicas de gestão da economia.

O terceiro risco é que a América Latina ainda seja *resort* muito procurado para investimentos em portfólio, que são, em parte, puramente especulativos. Se as moedas ficarem muito fortes em consequência desses ingressos especulativos, os déficits em conta-corrente aumentarão, a dívida externa subirá e as exportações locais diminuirão. A curto prazo, isso seria bom para as empresas estrangeiras, porquanto a valorização cambial derrubaria o preço das importações e geraria sensação de riqueza. Porém, os desequilíbrios se agravariam e os problemas se acumulariam.

Países com boas perspectivas de crescimento no futuro próximo são Brasil, Chile e Colômbia. O México continua a depender do crescimento dos Estados Unidos, o que talvez signifique improbabilidade de avançar a mais de 3,5% nos próximos anos. A Argentina passa por um período de bonança, mas esse surto de prosperidade foi induzido, em parte, pelo *boom* das commodities e, em parte, por algumas políticas econômicas insustentáveis. O Peru também está atravessando boa fase, mas é possível que também essa bonança seja mera consequência do aumento dos preços das commodities. O Panamá continuará a crescer a uns 7% nos próximos anos. Venezuela, Equador e Bolívia tenderão a ficar para trás. A boa notícia é que os grandes mercados tenderão a se sair bem nos anos vindouros.

EUROPA CENTRAL E ORIENTAL

Chamo meus clientes que dirigem negócios na Europa Central e Oriental de CEOs, ou "Chief Explaining Officers" (explicadores-chefes), em vez de "Chief Executive Officers" (executivos-chefes). Eles desfrutaram de um período de bonança, de 1999 a 2008, mas, agora, enfrentam dificuldades em muitos mercados. Porém, é difícil explicar a situação à matriz global.

Em 2011 e 2012, a região da Europa Central e Oriental apresentou desempenho inferior ao de outras áreas emergentes, pelo terceiro e quarto anos consecutivos. As empresas desses mercados não poderão contar muito com as condições econômicas externas para impulsionar o crescimento das vendas nos próximos anos. Como as coisas mudaram! Entre 1999 e 2008, a Europa Central e Oriental superou em desempenho todas as demais regiões emergentes e aproveitou uma década sem precedentes de crescimento acelerado, o que se manifestou na valorização das moedas e no crescimento generalizado. Durante todo esse tempo, ocorreram apenas desacelerações esporádicas em uns poucos países, mas, no todo, a região ostentou alto crescimento. As vendas avançavam ano após ano e novos investimentos foram canalizados para a região. Os investimentos estrangeiros diretos chegaram ao nível recorde de US$140 bilhões, em 2007 – mais que China e Índia, em conjunto.

Todavia, com a crise global, logo ficou claro que numerosos indutores do crescimento não eram sustentáveis. As debilidades subjacentes de repente vieram à tona: 2009 foi desastroso para praticamente todas as empresas multinacionais, e 2010 e 2011 se revelaram anos desafiadores para quase todos os setores, na maioria dos países. O problema é que grande parte do crescimento na Europa Central e Oriental é hoje impulsionada por exportações, em vez de pela demanda interna. E a demanda interna crescerá com lentidão até pelo menos 2014.

Quando o sistema financeiro global implodiu, a região da ECO foi das primeiras a sentir as consequências, em razão de sua grande dependência de financiamentos externos e de sua ampla exposição a empréstimos. De mais a mais, as economias da área tampouco reagiram bem à crise.

O PIB regional caiu 5,9%, em 2009, depois de crescer 5,9% ao ano, em média, entre 2000 e 2008. Os melhores anos foram 2006 e 2007, quando o crescimento superou a marca de 7%, impulsionando recordes de vendas e de lucro. A formação, na época, de uma bolha de crédito insustentável significa que o crescimento acima de 7% não será alcançado de novo nas próximas décadas.

Hoje, grande parte da recuperação da região está sendo impulsionada pelos volumes de exportações e pelos preços de commodities (este último fator ajudando países como Rússia e Cazaquistão, por exemplo). A demanda interna está extremamente fraca, e continuará assim ainda por alguns anos, nos mercados de países com altas dívidas externas, como Hungria, Eslovênia, Croácia, Estônia e Letônia. Mercados com dívidas externas relativamente altas são Sérvia, Ucrânia, Lituânia, Eslováquia, Bulgária e Romênia. Esses mercados passarão por um período de desalavancagem, tanto das famílias quanto das empresas, o que comprometerá o crescimento da economia e das empresas nos próximos anos.

Os mercados da Comunidade de Estados Independentes (CEI) estão muito melhores nos fundamentos, sobretudo Rússia, Cazaquistão e Azerbaijão. Porém, hoje, o alto crescimento desses países depende em grande parte dos altos preços das commodities. Polônia e República Tcheca contam com fundamentos aceitáveis. A Polônia ainda vai bem, graças às políticas pró-crescimento do governo (embora uma nova rodada de austeridade talvez retarde o crescimento por lá também, pelo menos durante algum tempo), mas a República Tcheca parou de crescer, como resultado de um duro programa de austeridade e da desaceleração das exportações para a União Europeia.

Por várias razões, a recuperação regional tem sido anêmica quando depende da demanda interna (com as notáveis exceções dos mercados da CEI e da Polônia):

1. No todo, a região tem mais dívida externa que outras regiões emergentes. Isso significa que ela iniciou o processo de desalavancagem e que muitos mercados também estão adotando medidas de austeridade. Qualquer país que promova a desalavancagem das famílias, das empresas e do governo sempre o faz à custa do crescimento e do poder aquisitivo. Sempre foi assim na história econômica e continuará sendo assim desta vez.
2. A recuperação do crédito depois do colapso será lenta – com efeito, os fluxos de crédito ainda estão caindo em mercados altamente alavancados. Os bancos, na maioria, são estrangeiros, razão por que precisam desalavancar-se e melhorar os balanços patrimoniais para os níveis da matriz, o que ocorre a expensas do crescimento dos empréstimos.
3. No todo, a reação dos governos à crise foi menos eficaz que a de outros países emergentes (falta de estímulo monetário e de garantias do governo, além da adoção de medidas de austeridade, quando a confiança das empresas e das famílias estava baixa).
4. Em consequência do aumento do desemprego, a confiança das famílias despencou, jogando para baixo seus gastos – com queda de dois dígitos em alguns mercados. No todo, a confiança do setor privado continua baixa em mercados altamente alavancados, e, obviamente, não há crescimento do PIB sem recuperação vigorosa nos gastos das famílias e das empresas.
5. Muitos mercados – como Hungria, Romênia, Letônia, Sérvia e Ucrânia – precisaram de dinheiro de emergência do FMI (e/ou da União Europeia) para evitar calotes e falências. E o dinheiro do FMI, na maioria dos casos, é concedido com restrições (exceto para bons alunos, como a Polônia, que pode sacar fundos da recém-criada Linha de Crédito Flexível, sem condições). Essas imposições são conhecidas: cortar despesas e aumentar os juros – abordagem oposta à adotada por outros mercados para recuperar a confiança.
6. As perspectivas da Europa Ocidental, em termos de demanda interna por exportações da Europa Central e Oriental, não são positivas, uma vez que a Zona do Euro enfrenta a crise da dívida pública.

CRESCIMENTO VARIÁVEL

O crescimento será desuniforme na região, nos próximos anos, mais fraco nos mercados com alta dívida externa e em processo de desalavancagem, e mais forte nos mercados menos alavancados. Os mercados menos endividados ou alavancados são Rússia, Turquia, Polônia, República Tcheca – os dois primeiros países, em especial, serão excelentes para negócios nos próximos anos (a não ser que o preço do petróleo despenque e elimine parte das empresas na Rússia). Todos os quatro apresentam bons fundamentos, mas a Rússia praticamente não tem dívida pública, a dívida externa é baixa e o país conta com a quarta maior reserva internacional do mundo.

Os negócios estão crescendo bem na Rússia, mas os preços do petróleo envolvem riscos. Se caírem para menos de US$60 por barril ou mesmo se gerarem a percepção de poderem despencar para esses níveis, o rublo sofreria pressões e as empresas seriam atingidas. A instabilidade política poderia criar riscos no futuro, embora a maioria das empresas agora prefira ignorar essa ameaça, por ser difícil quantificá-la (como na China).

A Turquia será um dos mais vibrantes mercados emergentes do mundo nos próximos anos, apesar da atual desaceleração provocada pelo superaquecimento econômico e de algumas pressões recentes sobre a lira turca. Os fundamentos, em geral, são bons e a boa notícia é que governo está tentando gerenciar melhor que no passado a dependência em relação a financiamentos externos. Para reduzir seu grande déficit em conta-corrente, acho que o governo turco continuará a favorecer a subvalorização da lira, em vez de recorrer a empréstimos externos. Isso, por seu turno, prejudicará as vendas e os negócios no curto prazo, mas é boa notícia para a sustentabilidade futura, e, no curto prazo, será bom para os negócios.

Polônia e República Tcheca desfrutam de bons fundamentos e se sairão razoavelmente bem no futuro, embora as perspectivas de negócios no curto prazo estejam sendo comprometidas por programas de austeridade e por algumas saídas de capital especulativo que prejudicaram ambas as moedas (especialmente o zloty polonês). Mais para o leste, o Azerbaijão se dará bem enquanto os preços estiverem bons; mas as economias da região nem sempre vão se manter competitivas, caso se remova da equação a variável commodity.

PERSPECTIVAS PARA O FUTURO

Com as vendas fracas em toda a Europa Central e Oriental, muitas empresas de países desenvolvidos estão perdendo de vista os mercados da região em suas telas de radar. Esse tipo de visão é muito de curto prazo. Estou profundamente convencido de que a Europa Central e Oriental não é mercado emergente de segunda categoria. Por quê?

Hoje, é fácil para as matrizes das multinacionais precipitar-se na conclusão de que a Europa Central e Oriental pode ser ignorada em grande parte como prioridade no aumento das vendas e no desenvolvimento das empresas (exceto Rússia e Turquia). O crescimento das vendas e do lucro é muito menor que na Ásia emergente, e mais fraco que na América Latina, no Oriente Médio e no Norte da África e mesmo na África Subsaariana, em acentuado contraste com a situação vigente de 1999 a meados de 2008, quando a região era a melhor do mundo em aumento das vendas.

Em várias de nossas recentes reuniões de diretores regionais do CEEMEA Business Group, alguns participantes disseram que estavam enfrentando dificuldades crescentes em obter recursos para a Europa Central e Oriental, que boa parte da atenção se concentrava em outras regiões e que as metas ousadas para 2012 ainda eram muito ambiciosas em relação ao que a região podia oferecer nos dois anos seguintes. Insisto enfaticamente em que, depois do término do processo de desalavancagem em muitos mercados, provavelmente em fins de 2014, a região voltará a ser lugar muito vibrante em termos de crescimento das vendas. A atual crise é temporária e, em parte, cíclica. A região tem muitos fundamentos fortes, que acenam com futuro sólido e sustentável. Esses pontos fortes são:

- As economias da Europa Central e Oriental são bem mais diversificadas que as da América Latina, do Oriente médio ou da África, e não dependem de uma ou duas commodities.
- Os níveis de educação são altos, o que favorece a competitividade.
- Essas economias geralmente conjugam estruturas sociais estáveis e baixa tributação.
- O setor de pequenas e médias empresas é forte em muitos mercados.
- A região conta com bons investidores externos diretos satisfeitos, que provavelmente continuarão investindo.

- A dívida pública é relativamente baixa e muito melhor que na Europa Ocidental.
- Mercados altamente endividados se submeteram ao tratamento prescrito e estão saindo da crise com balanços patrimoniais muito melhores, no âmbito das famílias, das empresas e dos governos.
- Os tradicionais vetores de crescimento estão de volta como forças atuantes, o que acelerará as economias nos próximos dois anos.
- Nem todos os mercados estão altamente endividados e países como Rússia, Turquia e Polônia oferecem boas oportunidades de crescimento, mesmo no curto prazo.

ORIENTE MÉDIO E NORTE DA ÁFRICA

Entre 2003 e 2008, a região cresceu em média 5,7% ao ano. Com o crescimento regional situando-se em torno de 1,4%, em 2009, a região demonstrou resiliência em comparação com outras (a única mais resiliente foi a Ásia emergente), mas ainda altamente desafiadora, na medida em que muitos mercados-chave se deterioraram com muito mais intensidade.

A região se recuperou em 2010 e cresceu à taxa estimada de 4,1%. Porém, a inquietação social e política está ameaçando as perspectivas, pelo menos em alguns mercados. A Primavera Árabe reduziu o crescimento para menos de 4%, em 2011. Se o Egito e a Tunísia alcançarem alguma forma de normalidade em breve, o crescimento regional facilmente chegará a 4,5% nos próximos anos, algo semelhante à América Latina, um pouco pior que a Ásia e a África Subsaariana, mas muito melhor que a Europa Central e Oriental (que ainda está desalavancando, depois da crise econômica). Os altos preços do petróleo hoje estão ajudando os grandes países exportadores, cujas economias estão em bonança, situação que se firma ainda mais, depois que a "Primavera Árabe" arremessou para cima os preços do petróleo.

IMPACTO DOS PREÇOS DO PETRÓLEO SOBRE AS ABORDAGENS DAS EMPRESAS

Sob a perspectiva econômica, a região Oriente Médio e Norte da África geralmente careceu de sustentabilidade básica durante os últimos 15 ou 20 anos.

E não admira que esse problema básico tenha determinado o tratamento dispensado pelas empresas à região. As incertezas influenciaram as percepções empresariais e muitos diretores regionais tiveram dificuldade em conseguir mais recursos para a construção de negócios sustentáveis na região. Quando os preços do petróleo estavam baixos (entre 1985 e 2004, mantendo-se entre US$9 e US$30 por barril – em geral em torno da média de US$20), muitas empresas trataram a região como boa e oportuna geradora de caixa (*cash cow*, ou vaca de caixa), adotando estrutura organizacional que, em grande parte, dependia de parceiros distantes e de estratégia demasiado regional ou genérica. A maioria das empresas não investiu recursos suficientes, sobretudo no âmbito de país.

Quando os preços do petróleo começaram a subir rapidamente, a partir de 2004 (culminando com a máxima de US$148 por barril, em julho de 2008), os resultados das empresas nos países exportadores de hidrocarbonetos melhoraram além da imaginação. Os resultados também foram impulsionados em vários mercados, até então sonolentos, no Norte da África, à medida que suas economias começavam a melhorar. Ao mesmo tempo, o Líbano continuou a desafiar a gravidade, apesar das dívidas maciças, e Dubai surfava na onda da dívida. Não admira que as empresas tenham começado a pensar em como melhorar ainda mais seus novos resultados vigorosos no Oriente Médio e no Norte da África e, mais importante, como consolidar o crescimento das vendas em sucesso duradouro, capaz de superar os concorrentes durante muito tempo. Em outras palavras, as estratégias das empresas começaram a substituir a distância oportunista pela profundidade sistemática.

INVESTIMENTOS EMPRESARIAIS RECENTES

O período que se estendeu de 2005 até hoje tem sido excepcionalmente ativo em termos de investimentos empresariais sistemáticos no desenvolvimento de negócios, na construção da marca e na presença local. Durante alguns anos antes da Primavera Árabe de 2011, o desejo das empresas de fazer mais no Oriente Médio e Norte da África aumentou para níveis sem precedentes, sobretudo nas economias movidas a hidrocarbonetos, mas também no Egito, na Tunísia e na Argélia. Graças a fundamentos econômicos mais fortes, a competição se aqueceu no Oriente Médio e Norte da África (assim como em outras regiões de alto desempenho), levando mais empresas a encararem com mais seriedade a região.

Porém, exatamente no momento em que as empresas começaram a tratar a região Oriente Médio e Norte da África de maneira mais séria, implementando muitos planos para investir mais no desenvolvimento de negócios, os riscos políticos (latentes e de difícil quantificação havia anos) de repente dispararam, com instabilidade primeiro na Tunísia e no Egito, e depois na Líbia, Síria e Bahrein. Essas erupções levaram as empresas a questionar se eventos semelhantes poderiam ocorrer na Arábia Saudita, no Kuwait, na Argélia, Jordânia e no Marrocos. A alta incerteza política perdurará, e a percepção global sobre a região provavelmente levará muitas empresas a sustar temporariamente grandes investimentos, pelo menos nos mercados mais arriscados. Contudo, as empresas devem continuar a investir em países exportadores de petróleo fortes, para promover o rápido crescimento das vendas. Esses mercados desfrutam de bons fundamentos, em termos de níveis de endividamento e de reservas internacionais, e estão progredindo por conta dos altos preços do petróleo.

FUNDAMENTOS FORTES

Os fundamentos econômicos do Oriente Médio e Norte da África estão entre os melhores do mundo. O total das reservas oficiais e não oficiais, mais as reservas acumuladas em fundos soberanos, provavelmente era superior a US$2,5 trilhões, representando a segunda maior acumulação regional de reservas internacionais, depois da Ásia emergente, e até maiores que as desta, em termos *per capita* e também como porcentagem do PIB regional. Mesmo que os preços do petróleo caiam, as reservas poderão manter os gastos em níveis elevados durante muitos anos, em vários mercados exportadores de petróleo (que, seja como for, estarão entre os mais promissores para os negócios nos próximos anos).

A dívida pública total como porcentagem do PIB é baixa, em especial nos mercados exportadores de petróleo, nos quais representa 18% do PIB, uma das mais baixas porcentagens do mundo. Os únicos mercados com dívida pública acima de 60% do PIB (padrão internacional de sustentabilidade) nos países do Oriente Médio e Norte da África são Líbano (mais de 130%), Egito (acima de 85% e em crescimento, depois dos tumultos recentes) e Jordânia (64%). Só o Líbano está pior que a Europa Ocidental, mas o país continua desafiando a gravidade!

A dívida externa também é pequena na região, situando-se em torno de 27% do PIB regional. Os países que não precisam de desalavancagem crescem a taxas superiores, mais próximas do potencial. Os únicos mercados no Oriente Médio e no Norte da África em que a dívida externa está acima do desejável (ou seja, 70% do PIB), são Líbano (155%), Bahrein (140%), Catar (70% – mas não preocupante, considerando o volume das exportações e o tamanho das reservas) e Dubai (se o tratarmos como entidade separada), cuja dívida externa se situa em torno de 115% do PIB. Nesses países, o crescimento também ficará abaixo do potencial durante alguns anos.

Esses baixos níveis de endividamento também são importantes para o crescimento futuro – ao contrário dos países desenvolvidos, a maioria dos mercados do Oriente Médio e do Norte da África não precisam desalavancar, o que contribuirá para que alcancem o potencial de crescimento, sobretudo se os preços do petróleo continuarem robustos. Contando com essa variável favorável, a região gera superávit em conta-corrente, exceto Iraque, Iêmen, Jordânia, Líbano e Marrocos (onde os déficits em conta-corrente são mais altos do que deveriam ser, indicando, portanto, alguma possibilidade de pressões cambiais).

PERIGOS E RISCOS

Oriente Médio e Norte da África geram cerca de 3% do PIB global (às taxas de câmbio de mercado). Para as multinacionais típicas, bem estabelecidas, a região responde por cerca de 3% da receita global. O crescimento regional é altamente dependente dos gastos públicos, que, por seu turno, oscilam com os preços das commodities. Se os preços das commodities caem, o mesmo acontece com os gastos públicos. Os anúncios de grandes pacotes de gastos públicos nem sempre são cumpridos na íntegra e apenas servem a propósitos de relações públicas. Portanto, é perigoso basear os planos de negócios apenas em informações oficiais. Os empréstimos bancários se mantêm baixos, uma vez que as instituições financeiras geralmente são mais cautelosas, por força das novas normas do Basileia III. Além disso, muitos bancos estrangeiros se queimaram, sobretudo no Golfo, no rescaldo da crise da dívida de Dubai, o que os levou a redobrar seus cuidados.

Os maiores riscos para o Oriente Médio e Norte da África são os preços do petróleo e a instabilidade política. O melhor que as empresas podem fazer é manter o foco no desenvolvimento das vendas, garantindo presença local mais forte. Evidentemente, na hora de decidir sobre a construção de fábricas, as empresas devem ser mais cuidadosas, levando em conta as condições locais.

PERSPECTIVAS

Para as empresas, as melhores economias nos próximos anos serão Arábia Saudita, Abu Dhabi (como o mais rico dos Emirados Árabes Unidos), Catar, Oman e, se a paralisia política permitir gastos suficientes, Kuwait. Israel, como de costume, se comportará mais em linha com o ciclo de negócios em seus principais mercados de exportação, que se situam, principalmente, em países desenvolvidos. Portanto, o crescimento será um pouco mais brando no curto prazo, mas razoável no médio prazo, desde que as questões políticas não culminem em uma ou outra guerra.

O Iraque deve progredir por conta do aumento na produção de petróleo, contanto que se garanta a segurança interna depois da retirada das tropas americanas. O Irã, potencialmente um dos mercados mais vibrantes do mundo, em razão de seu tamanho, enfrentará dificuldades sob uma nova rodada de sanções e, mais adiante, até um possível ataque militar. Marrocos e Argélia continuarão a produzir crescimento constante no futuro, desde que os preços dos hidrocarbonetos se mantenham atraentes para a Argélia e que ambos os países evitem tumultos políticos.

Hoje, o Egito é uma mixórdia política e econômica, sem indicações nítidas de como terminará a revolução, mas é improvável que o país volte a ter um governo tecnocrático, como os anteriores à crise (e que foram tão bons para os negócios). A Tunísia deve ser um bom mercado, desde que as eleições de 2012 proporcionem alguma estabilidade política. A Líbia restabelecerá os níveis de produção de petróleo anteriores à guerra, em fins de 2012 ou princípios de 2013. Se as facções políticas e tribais locais chegarem a um acordo quanto a políticas comuns, a Líbia deve converter-se em mercado emergente promissor nos próximos anos (embora sua população pequena limite as atividades das empresas). O Líbano continuará às voltas com o alto endividamento e com os riscos políticos muito elevados. A maioria das empresas espera que o ambiente de negócios constante e pouco promissor da Jordânia continue inalterado.

ÁFRICA SUBSAARIANA

A África Subsaariana está atraindo a atenção de empresas que pretendem expandir seus negócios para novos territórios. O crescimento das vendas é firme em muitos mercados e a competição é menos intensa que em outros mercados emergentes (embora esteja aumentando, em especial por parte de empresas chinesas). Contudo, em termos absolutos, o crescimento das vendas é baixo.

As perspectivas econômicas não são ruins, desde que os preços das commodities se mantenham razoavelmente altos. A região desfrutou de vários anos bons, em termos de crescimento, no período pré-crise. Entre 2003 e 2008, a região cresceu a 6,2% ao ano, ou duas vezes mais rápido que no intervalo 1990-2002. O aumento nos preços das commodities, os ingressos de investimentos estrangeiros diretos, o fortalecimento das moedas, os estornos de dívidas, as entradas de doações, a ascensão da África do Sul e da Nigéria, e melhorias nos fundamentos, tudo contribuiu para o bom desempenho anterior à crise.

Porém, a região não estava imune à crise global. Em 2009, o crescimento regional foi de apenas 2,1%, em termos absolutos, e praticamente nulo, em termos *per capita*. Todavia, em comparação com outras regiões, a África Subsaariana se revelou muito resiliente, mormente (e infelizmente) em consequência da falta de integração com a economia global. O crédito se manteve constante (ao contrário do que ocorreu nas regiões desenvolvidas) e o dinheiro dos doadores continuou entrando, o que contribuiu para a resiliência.

A notícia relativamente boa é que a região agora se recupera bem, por conta de:

- Aumento no preço das commodities.
- Continuidade na entrada de doações.
- Recuperação gradual na África do Sul (que poderia ser melhor).
- Forte crescimento na Nigéria (apesar das questões políticas).
- Reação geralmente boa dos bancos centrais à crise (isto é, afrouxamento das políticas monetárias).

- Melhoria gradual das condições de crédito.
- Fortalecimento dos fundamentos econômicos.
- Aumento das reservas, devido à alocação de DES (Direitos Especiais de Saque) pelo FMI (o que contribuiu para a estabilidade e possibilitou algum aumento nos gastos públicos).
- Recuperação das remessas de trabalhadores no exterior.
- Aumento dos empréstimos do FMI.
- Aumento dos investimentos estrangeiros diretos e dos financiamentos pela China.
- Alguma melhora nos gastos das empresas (em grande parte por meio do uso de reservas).
- Aumento dos gastos públicos na maioria dos mercados (70% dos países efetivamente conseguiram ampliar os gastos públicos).

Todos os fatores acima resultaram em demanda interna mais forte. O crescimento deve superar facilmente a marca dos 5% no futuro previsível, o que é respeitável em comparação com outras regiões do mundo no período pós-crise. Porém, a África Subsaariana teria de crescer a pelo menos 8% durante período prolongado para realmente começar a melhorar o padrão de vida das populações. Crescimento de apenas 5% a 6% não será suficiente para fazer muita diferença.

RISCOS

Os três principais riscos para o crescimento potencial são queda nos preços das commodities, redução nas entradas de doações e aumento nos preços dos alimentos. O ingresso de contribuições filantrópicas pode tornar-se mais errático, enquanto os mercados desenvolvidos estiverem lutando com os encargos das próprias dívidas públicas sem precedentes (já há sinais preliminares de que o dinheiro dos doadores pode escassear-se nos próximos dois ou três anos). Os executivos também devem conscientizar-se de que os números do PIB, que aparecem nas manchetes, podem ser muito influenciados pelas exportações de commodities e de que a demanda interna tende a ser mais fraca do que sugeririam essas cifras.

- A África Subsaariana responde por pouco mais de 1% do PIB global (a taxas de câmbio de mercado).

- Para as multinacionais típicas, bem estabelecidas, a África Subsaariana gera pouco mais de 1% de suas receitas globais.
- Embora a região ofereça boas oportunidades de crescimento, seu tamanho absoluto na economia global é pequeno – de modo algum suficiente para compensar plenamente a debilidade dos negócios no mundo desenvolvido.

O maior mercado em termos de PIB, a África do Sul, não está crescendo bem e agora está reexaminando suas prioridades econômicas, em termos de crescimento, emprego e desvalorização cambial. Contudo, a Nigéria está crescendo bem e as empresas estão priorizando cada vez mais esse grande mercado, com 150 milhões de pessoas.

Outros mercados que atraem a atenção das empresas são Angola (petróleo), Zâmbia (cobre), Gana (também petróleo), Etiópia (com cerca de 80 milhões de pessoas) e Quênia (serviços, sem grandes exportações de commodities). E ainda vale a pena considerar Moçambique, Tanzânia, Uganda, Senegal, Camarões e República Democrática do Congo, Botsuana e Namíbia.

Convém observar que a competição não é tão intensa quanto em outras regiões emergentes e que é possível entalhar boas posições lucrativas e de crescimento acelerado em muitos mercados. As empresas devem atentar, contudo, para o tremendo aumento na competição com a China e com Índia, assim como com grandes multinacionais que, neste exato momento, estão elaborando novas estratégias para a África.

CAPÍTULO 9

ALGUNS RISCOS ECONÔMICOS DE QUE OS EXECUTIVOS DEVEM ESTAR CONSCIENTES

> A liberação dos mercados financeiros para perseguir seus instintos de cassino aumenta as chances de crise... Uma vez que, ao contrário dos cassinos, os mercados financeiros estão indestrinçavelmente interligados com o mundo exterior, a economia real paga o preço.
>
> *Lawrence Summers*

A SEGUIR, DESCREVO OS PRINCIPAIS FATORES DE RISCO de que se deve ter consciência e que precisam ser monitorados nas economias emergentes.

IMPACTO DO DINHEIRO QUENTE (*HOT MONEY*) SOBRE AS MOEDAS

Nem todos os aspectos da globalização são positivos. A abertura prematura dos fluxos de capital, especialmente dos de curto prazo, ainda criam enormes problemas para as economias em todo o mundo. O fato de você e eu podermos comprar moedas, títulos do Tesouro ou bônus do governo de qualquer espécie parece boa ideia sob um ponto de vista egoísta (Por que eu não poderia aplicar minhas poupanças em títulos públicos da Hungria e ganhar 9% ao ano; o que me importa se os mercados são tão mal dirigidos que a toda hora precisam de empréstimos?). Mas esse aumento prematuro dos fluxos de curto prazo criou mais dificuldades para as economias do que qualquer outro fator nas últimas duas décadas, em especial nas economias em desenvolvimento.

Podemos relacionar a maioria das crises em mercados emergentes (México, 1994; Ásia, 1997; Rússia, 1998; Brasil, 1999), de alguma maneira ou forma, à liberalização precoce da conta de capital.

Agora, imagine que alguns grandes fundos de investimentos queiram gerar retorno de 7% na África do Sul (sim, eles realmente o fazem!). E muitos continuam comprando rand e bônus sul-africanos para alcançar seus objetivos de rendimento no curto prazo. Os compradores se dão bem desde que não ocorram situações de pânico que deflagrem um surto de vendas. O que esse tipo de ingresso de dinheiro quente estrangeiro acarreta para as economias receptoras?

Primeiro, pode levar a moeda a valorizar-se além do que justificariam os fundamentos de comércio exterior e de investimentos estrangeiros diretos, tornando as importações mais baratas e fazendo as pessoas se sentirem mais ricas e comprarem mais produtos importados. Os bancos se sentiriam mais seguros e concederiam mais empréstimos a uma população mais rica. Nessas condições, os bancos levantariam recursos no exterior a curto prazo e os emprestariam a longo prazo, criando perigoso desacoplamento no caso de mudança da sorte. Porém, as exportações enfrentariam dificuldades. O déficit em conta-corrente daí resultante aumentaria a dívida pública. Se essa situação perdurar por muito tempo, o país receptor provavelmente acabaria com alta dívida externa e seria obrigado a desalavancar. E qualquer desalavancagem sempre ocorre a expensas do crescimento e do poder de compra. As empresas sofrem as consequências.

Porém, o maior problema para as empresas ocorre quando os investidores que aplicaram seu dinheiro na África do Sul, à espera de altos rendimentos no curto prazo, de repente decidem retirar o dinheiro para a obtenção de retornos ainda maiores em outro lugar. Cenário ainda pior se configura quando os saques ocorrem em meio a uma situação de pânico, como ocorreu na Ásia, em 1997. Todo o mundo, de repente, passou a descartar os títulos públicos dos países locais, denominados nas respectivas moedas, e ninguém queria assumir perdas. A saída súbita de "dinheiro quente" sempre danifica as economias locais com muita rapidez e, como vimos na Ásia, em 1997, ou em setembro-outubro de 2011, em muitas economias emergentes, a situação pode acarretar rápidas desvalorizações cambiais (mesmo em países bem gerenciados), não raro semeando catástrofes, da noite para o dia, nas economias afetadas e em todas as empresas nelas atuantes.

As fugas súbitas e rápidas de dinheiro quente podem deflagrar crises cambiais, levando os bancos a denunciar os empréstimos (tanto em moeda estrangeira e em moeda nacional), derrubando a confiança dos investidores e consumidores, desacelerando ou revertendo o crescimento do PIB e afundando as vendas das empresas. (Para um relato mais detalhado de como o "dinheiro quente" influenciou várias crises e mercados emergentes, na década de 1990, consulte meu livro anterior, *Emerging Markets*.)

Causas ideológicas

Se as entradas e as súbitas saídas de dinheiro quente podem causar tantos problemas para as economias e as empresas, é preciso perguntar: Quem promoveu a ideia, por que esses fluxos ainda subsistem e quais são as perspectivas de crises futuras? A doutrina de pouca regulação e de ampla liberalização, que começou a dominar o pensamento econômico global várias décadas atrás, foi a poderosa força motriz que impulsionou a liberalização da conta capital em países que ainda não estavam preparados para tamanha mudança (ver esse aspecto em "Partial Failure of Economics", em meu novo manual executivo, *Global Economy*).

Portanto, parte do empuxo para a liberalização da conta capital foi ideológico. Esqueceu-se de que os países da Europa Ocidental, por exemplo, não liberalizaram plenamente os controles sobre os movimentos da conta capital (em especial, os de curto prazo, que causam tantas dificuldades) durante quase cinco décadas depois do fim da Segunda Guerra Mundial. A maioria deles promoveu a liberalização gradual, depois de atingir certo nível de riqueza. Em outras palavras, esses países conseguiram desenvolver-se sem enfrentar os riscos resultantes dos fluxos de entrada e saída de capitais de curto prazo sobre a economia real.

Porém, a ideologia não conta toda a história. Jagdish Bagwhati, da Columbia University, argumentou em seu excelente livro *In Defense of Globalization*, que foram a "elite do poder" de Wall Street, o Tesouro dos Estados Unidos e o FMI, mais os "lobbies vigorosos" das instituições financeiras, que forçaram a liberalização das contas de capital em países que não estavam preparados para essa iniciativa, ao considerarem que seus interesses de negócios impunham movimentos de capitais ilimitados em todo o mundo.

Infelizmente, essa doutrina ainda predomina e os fluxos de entrada e saída de "dinheiro quente" são ameaças contínuas à saúde de muitas economias a eles expostas, mesmo aquelas que são razoavelmente bem gerenciadas e que desfrutam de bons fundamentos econômicos. A única mudança foi que muitas economias emergentes aprenderam as lições das crises recentes e reforçaram suas reservas internacionais, que servem como amortecedor dos efeitos de fluxos de saída repentinos. Muitas também corrigiram seus fundamentos, reduzindo o tamanho da dívida pública e da dívida externa (ver minhas análises regionais, no capítulo anterior).

No entanto, para as empresas que operam na arena internacional, o risco de valorização excessiva das moedas, acompanhada de súbita desvalorização, ainda está presente. As empresas e os executivos precisam manter-se alertas a esse respeito, monitorando e analisando os fundamentos econômicos dos países em que operam: estimar o tamanho do "dinheiro quente" estacionado no país; imaginar o pior cenário possível, em caso de fuga de capitais; e, mais importante, comunicar os riscos à sede para gerenciar as expectativas (e proteger carreiras). A última coisa que um executivo quer é ser responsabilizado por resultados insatisfatórios provocados por desvalorização cambial inesperada.

Controle do dinheiro quente

Recentemente, vimos vários países, como Brasil, tributando as entradas de "dinheiro quente", na tentativa de desestimulá-las. É o que deve ser feito. Quem argumenta que essas medidas reduzem os investimentos estrangeiros diretos estão errados ou têm interesses constituídos. Já se dispõe de evidências científicas suficientes para demonstrar que as entradas e saídas excessivas de "dinheiro quente" prejudicam as economias e os negócios, e nenhum país deve ficar refém dos interesses estreitos de uns poucos banqueiros e ideólogos econômicos.

Além disso, os países também podem recorrer a um recurso importante: tomar mais empréstimos internos e adotar políticas econômicas sustentáveis, com baixos déficits e endividamentos, reduzindo, em consequência, a necessidade de empréstimos externos. Os bancos centrais ainda dispõem do recurso de comprar títulos do governo durante as recessões econômicas, medida que, tipicamente, não aumenta as taxas de inflação. Também é preciso lembrar que países como a China, que mantinham controles de capitais, não foram vítimas da crise asiática de 1997-98. (Esses países perguntavam aos pretensos compradores de sua moeda: "Por que você precisa dela? Para obter rendimento? Você não vai comprar uma fábrica? Vá para casa, então!") O mesmo se pode afirmar em relação ao Chile e à Eslovênia, durante episódios semelhantes.

Quais são as chances de que pelo menos alguns controles de capitais se tornem parte integrante normal da política econômica de todos os países? Alguns meses atrás, minha resposta teria sido "muito remotas". Mas, agora, com as mais recentes manifestações de apoio do FMI ao reforço dos controles de capitais, as chances são maiores do que supõe o bom senso. Eu não apostaria muito na plena implementação de medidas desse tipo, mas as últimas notícias até certo ponto são encorajadoras.

Quais são as implicações para as empresas? Se os controles de capitais se tornarem mais comuns, as moedas não se valorizarão além de seus fundamentos, os riscos de desvalorizações repentinas e de colapsos econômicos súbitos diminuirão e a previsibilidade e sustentabilidade das empresas será alcançada com mais facilidade. As empresas não financeiras deveriam fazer lobby intenso pela adoção de mais controles de capitais, como maneira de evitar volatilidade maciça e perdas inesperadas em mercados de todo o mundo.

PREÇOS DAS COMMODITIES COMO RISCO PARA O PLANEJAMENTO DE NEGÓCIOS

Os preços das commodities continuarão a aumentar com o crescimento das populações. Daqui a 50 anos, provavelmente haverá mais 2 bilhões de pessoas no planeta. A demografia acarretará mais demanda por commodities – poucas são as dúvidas a esse respeito. Uma vez que o mundo, gradualmente, consome cada vez mais commodities, os preços tendem a manter-se em ascensão contínua. De tempos em tempos, situações de pânico em relação à oferta provocarão aumentos mais ou menos súbitos e acentuados nos preços (tumultos políticos no Oriente Médio poderão gerar picos temporários nos preços do petróleo, do mesmo modo como quebras de safras e condições climáticas adversas provocarão efeito semelhante nos preços dos alimentos). No todo, os preços das commodities mais que dobraram nos anos recentes. Mas também enfrentamos volatilidade superior à usual nos preços das commodities. E essa alta volatilidade recente é ameaça para muitos exportadores de commodities (e para as empresas que operam com eles), bem como para muitas empresas que estão às voltas com mudanças ainda mais rápidas nos preços dos insumos.

Porém, a questão mais importante é o impacto da alta volatilidade dos preços das commodities sobre a estabilidade macroeconômica dos países emergentes e sobre o poder de compra de multidões em todo o mundo. Fortes aumentos de preços no curto prazo aumentam a inflação, deixando os bancos centrais em dificuldade. Nessas condições, será que devemos aumentar as taxas de juros e abortar a frágil recuperação econômica? Ou seria preferível permitir o descontrole temporário da inflação a bem da promoção do crescimento? No mundo dos negócios, muitos executivos enfrentarão dificuldades, na medida em que a execução de seus planos de negócios for prejudicada pelo impacto dos altos preços das commodities sobre os compradores de seus produtos e serviços, tumultuando as margens de lucro e os resultados das empresas.

Mas por que os preços das commodities estão mais instáveis que o usual? Muitos preços de commodities não se comportaram de maneira compatível com os fundamentos nos últimos cinco ou seis anos. Entre março de 2010 e março de 2011, o aumento foi de 50%. Será que a demanda aumentou tanto e a oferta realmente caiu tanto durante esse período? Certamente que não. Os preços das commodities se comportaram até certo ponto como um paciente psicótico, sem medicamentos para acalmá-lo.

Lembro-me de dar uma palestra para um grupo de operadores de commodities pouco antes da crise global. No intervalo, um deles veio em minha direção. Ele estava perto da aposentadoria e disse: "Atuo nesse negócio há 35 anos. Os primeiros 32 anos foram muito parecidos. Sabíamos o que estávamos fazendo! Até que tive de aprender tudo novamente. A especulação e, pior ainda, a especulação alavancada estão desenfreadas. Os mercados de commodities se transformaram em grande cassino." Lembro-me das palavras dele sempre que deparo com a insanidade e a imprevisibilidade de alguns movimentos de preços de commodities. E como as altas de preços repentinas podem ser dolorosas para os indivíduos, para as empresas e para a economia.

Variações dos preços do petróleo

Para ilustrar essa insanidade, examinemos as oscilações dos preços do petróleo (o petróleo é o exemplo mais psicótico). Eis alguns fatos sobre o petróleo

– dos quais você pode extrair suas próprias conclusões sobre seus repentinos movimentos de preços.

1. Os fundamentos do petróleo não mudaram muito nos últimos 20 anos. Sim, as economias emergentes estão consumindo mais; porém, os mercados desenvolvidos estão consumindo menos. O aumento da demanda e do consumo de petróleo não superou 1,7% ao ano nos últimos 10 anos (exceto o avanço um pouco mais forte em 2010, ao se recuperar dos baixios de 2009). Todavia, o preço disparou da média de US$20 por barril, no começo da década de 1990, para US$147, em 2008. Em seguida, caiu de US$147 para menos de US$40 por barril, quando a crise global eclodiu em 2008, embora a queda efetiva no consumo de petróleo em todo o mundo mal tenha chegado a 3%. Em seguida, subiu de menos de US$40 para US$120, em 2012 (depois da Primavera Árabe e das questões com o Irã), ainda que o aumento do consumo de petróleo em 2010-2011 tenha sido da ordem de 2% ao ano. É óbvio que toda essa montanha-russa não está sendo impulsionada apenas pelas forças da oferta e demanda.
2. A oferta de petróleo será adequada até pelo menos 2015. Os estoques estão altos e apenas entre os membros da OPEP há quase 6 milhões de barris por dia de capacidade ociosa (que deve cair para 3,5m b/d). Historicamente, esse superávit é elevado. Mesmo que o Irã exploda, a Arábia Saudita dispõe de capacidade ociosa suficiente para compensar qualquer falta global.
3. A oferta deve aumentar com firmeza nos próximos anos, mormente no Brasil e no Iraque.
4. As perspectivas da economia mundial e, portanto, da demanda por petróleo, não são ótimas para 2012-2015. Em 2011, o crescimento mundial se limitou a modestos 2,5% (às taxas de câmbio de mercado), enquanto o mundo desenvolvido combatia o alto endividamento por meio de intensa desalavancagem. Os mercados emergentes também desaceleraram em 2011, depois da vigorosa recuperação de 2010, à medida que se retiravam os pacotes de estímulo monetário na Ásia e na América Latina, não obstante o esforço de exportação para o mundo desenvolvido. Não há expectativa de grande boom no consumo de petróleo nos próximos anos. A não ser que haja demanda em algum outro planeta!

5. Nos últimos 50 anos, a OPEP produziu 400 bilhões de barris de petróleo, mas se calcula que suas reservas ainda sejam da ordem de 1,2 trilhão de barris, estimativa considerada conservadora por alguns observadores.
6. A busca global por fontes de energia alternativas já ultrapassou o ponto de virada. O mundo desenvolvido (onde o consumo de petróleo já está caindo) reduzirá constantemente suas necessidades de produtos de hidrocarbonetos nos próximos 10 a 20 anos. Espera-se que as tecnologias alternativas comecem a despontar também nos mercados emergentes.
7. Alguns grandes produtores de petróleo afirmam em conversas particulares que o verdadeiro preço do petróleo deve situar-se entre US$40 e US$55 por barril.
8. Alguns produtores de petróleo e operadores de commodities dizem que a cada compra de um barril de petróleo real (físico) correspondem, atualmente, de quatro a cinco compras de vários contratos a termo (operações somente no papel, em que os investidores nunca veem efetivamente a commodity-objeto). No caso da gasolina, a situação é ainda pior: para cada barril físico negociado há sete contratos futuros. Por que será que a especulação é tão galopante? Porque se permite e porque alguns dos maiores atores jogam com o dinheiro alheio. E provavelmente se admite toda essa jogatina porque a situação é conveniente para alguns interesses constituídos.
9. Quando a bolha do petróleo atingiu o pico, em meados de 2008 (a US$147 por barril), alguns bancos estimaram que havia mais de US$500 bilhões em dinheiro quente só no mercado de petróleo. Hoje, a liquidez adicional resultante da impressão de dinheiro (mais conhecida como "flexibilidade quantitativa") e a falta de bons investimentos nos mercados desenvolvidos deslocaram enormes quantias de "investimentos" de curto prazo para o mercado de commodities, inclusive petróleo. Felizmente, os especuladores não mais podem fazer grandes apostas alavancadas (ou seja, tomar empréstimos para comprar contratos a termo), desde os dias da grande bolha de crédito global, pelo menos no futuro previsível.
10. As entradas de dinheiro nos mercados de commodities continuam. Vários bancos estimam que, em 2011, de US$50 a US$80 bilhões adicionais entraram no mercado de commodities.

11. Minhas conversas particulares com vários operadores de commodities indicam que de 40% a 50% do mercado de commodities hoje é controlado por operadores em busca de nada mais que rendimentos de curto prazo e/ou de lucro especulativo.
12. Infelizmente, as commodities se tornaram apenas outra forma de investimento financeiro. Nos últimos 10 anos, o advento dos índices de commodities e a criação de ETFs (Exchange Traded Funds) possibilitaram que praticamente qualquer pessoa "investisse" em commodities. O governo dos Estados Unidos relata que o valor dos investimentos globais nos chamados fundos de índices de commodities passou de US$15 bilhões para US$200 bilhões. Hoje, há quase 700 produtos negociados em bolsas de valores, ligados a commodities, em que você e eu podemos "investir".
13. É hora de governos de todo o mundo proibirem operações com commodities cujo objetivo seja apenas auferir rendimentos de curto prazo. No entanto, as autoridades públicas estão sempre atrasadas – recentemente, importante regulador dos Estados Unidos disse que, infelizmente, "vamos adiar a imposição de limites, com o objetivo de coibir grandes apostas em commodities". Viva o cassino das commodities!
14. Nos Estados Unidos, as reformas impostas pela lei Dodd-Frank estão tentando regular os derivativos de commodities negociados em mercados de balcão, mas ninguém está prestando atenção às commodities físicas não reguladas. A indústria, mais uma vez, se esforça para ganhar o jogo do lobby.
15. Os operadores e os bancos mais uma vez estão encontrando lacunas no espaço das commodities físicas. Por incrível que pareça, número crescente de fundos de investimento efetivamente estão comprando commodities físicas, que são mantidas em depósitos recém-construídos. Evidentemente, não importa que os compradores jamais venham a precisar de um barril de petróleo ou de algumas centenas de quilos de cobre. Agora, podemos ter commodities físicas sem realmente precisar cumprir a exigência denominada "conta de operações em futuros". E até podemos ver nossa compra, sob a guarda de um banco de investimento, talvez em algum lugar perto de Nova York.

Como se vê, com base nos fundamentos da oferta e demanda, o petróleo na verdade deveria ser negociado a algo entre US$50 e US$60 por barril. É interessante saber que alguns dos países exportadores de petróleo mais tradicionais do Golfo mantêm o preço do petróleo abaixo de US$60 em seus orçamentos públicos. Eles conhecem a verdadeira história.

IMPLICAÇÕES PARA AS EMPRESAS

Assim, quais são as chances de que os governos de todo o mundo se empenhem em eliminar as operações especulativas com commodities e, em especial, várias modalidades de apostas alavancadas? Duvido que se faça alguma coisa tão cedo. Alguns aspectos das operações com commodities agora se tornaram "normais" e muitas atividades estranhas nem mais estão sendo questionadas.

Quais são as implicações para as empresas? A grande questão para muitas empresas é: Será que devemos repassar para os clientes os preços mais altos dos insumos e proteger nossas margens ou é preferível demonstrar mais sensibilidade em relação aos clientes mais suscetíveis, com o objetivo de aumentar a participação no mercado contra os concorrentes que decidirem aumentar os preços? Esse é um dilema típico com que se defrontaram recentemente numerosos executivos, em muitos mercados emergentes.

Outro fator desestabilizador é a tendência de muitas empresas que necessitam de commodities metálicas, por exemplo, tentarem acumular algumas reservas antes do aumento dos preços. Ao longo do tempo, muitas empresas industriais pressionarão seus departamentos de P&D a desenvolver novos métodos de fabricação inovadores, que usem menos matérias-primas. Porém, no curto prazo, não há solução fácil e os executivos sabem que a alta volatilidade dos preços chegou para ficar. Se daí decorrer alguma consequência, será a de os altos preços dos insumos induzirem ainda mais empresas a avaliar mais de perto seus custos de fabricação e a transferir ainda mais instalações para localidades menos onerosas.

O grande risco das commodities para as empresas é o fato de, em geral, muitos países emergentes dependerem demais de apenas umas poucas commodities. Basta perscrutar os mercados emergentes do Oriente Médio, da África, da América Latina ou de partes da ex-União Soviética. Se os preços das commodities sofrerem quedas drásticas, muitos exportadores de commodities estarão sujeitos a fortes impactos, em termos de possíveis desvalorizações, de queda nas receitas públicas e, em última instância, de comprometimento do desempenho das empresas. O melhor a ser feito pelos executivos é lançar notas de rodapé e seus planos de negócios, algo mais ou menos nos seguintes termos: "Sr. CEO, operamos na Rússia muito bem, mas não me culpe se o preço do petróleo cair, impactar o rublo e, em consequência, prejudicar nossos negócios." Qualquer empresa que opere em mercados movidos a commodities deve dispor de planos de contingência mais robustos.

NÍVEL TOTAL DO ENDIVIDAMENTO PÚBLICO E EXTERNO

Para avaliar o potencial de crescimento no futuro próximo, os executivos precisam conhecer o nível de endividamento público e externo nos mercados emergentes em que operam ou pretendem operar. Esses números são bem monitorados e facilmente acessíveis na maioria dos países. Eles dizem muito aos executivos que estão em vias de desenvolver um plano de três ou cinco anos. A necessidade de desalavancar pode ser forte entrave ao crescimento, representando, por conseguinte, grande risco para as empresas.

A dívida pública e a dívida externa devem ser tão baixas quanto possível. Qualquer coisa acima de 60% do PIB para a dívida pública e de 70% do PIB para a dívida externa geralmente implica necessidade provável de alguma desalavancagem. Também é importante rastrear os encargos das dívidas e a capacidade dos países de pagar as obrigações vincendas. Dívida pública excessiva indica que os governos provavelmente terão de promover o desendividamento, o que geralmente se faz mediante aumento de impostos em conjunto com reduções nos gastos públicos (e, em casos raros, por meio do aumento da inflação o do calote das dívidas); em algumas condições mais afortunadas, adotam-se poderosas políticas pró-crescimento. Qualquer que seja a resposta ao alto endividamento público, os executivos devem estar conscientes de suas dimensões e advertir seus chefes sobre a possível desalavancagem. Essa recomendação é ainda mais importante no caso de empresas cujas vendas e crescimento em mercados emergentes são altamente dependentes dos gastos públicos, como as de tecnologia da informação ou de assistência médica.

No caso de endividamento excessivo pelas empresas e pelas famílias, também há a necessidade de desalavancagem. As empresas devem monitorar o tamanho da dívida, avaliar a probabilidade de desalavancagem e estimar o impacto potencial sobre a demanda interna. A observação de episódios passados de desalavancagem, em consequência de altos níveis de endividamento externo, o processo tende a prolongar-se por muito tempo: nos melhores casos, pode liquidar-se em dois ou três anos, mas nos piores casos, é possível que se estenda por oito ou nove anos. Quanto mais durar a desalavancagem, menor será o crescimento das vendas.

NÍVEL DAS RESERVAS INTERNACIONAIS

A insuficiência de reservas internacionais tendia a ser importante fator de vulnerabilidade de muitos mercados emergentes. Felizmente, as coisas melhoraram a ponto de quase se tornarem irreconhecíveis e os mercados emergentes agora detêm mais de 75% da totalidade das reservas internacionais globais. No entanto, os executivos devem acompanhar os níveis de moedas estrangeiras nos países em que operam, como indicador da capacidade das autoridades de intervir e de proteger a economia contra as pressões da desvalorização cambial. A falta ou a insuficiência de reservas pode significar a incapacidade do país de defender a moeda nacional. Antes da crise, considerava-se nível adequado de reservas internacionais o equivalente a três meses de importações, mas, hoje, a maioria dos observadores insiste em que o nível mais seguro se situa em torno de cinco meses de importações. Acompanhe esse indicador: em geral, ele está disponível com facilidade na maioria dos sites de bancos centrais.

Além do acompanhamento dos níveis de reservas internacionais, os executivos também devem verificar se as reservas apresentam tendência de aumento ou redução e analisar as razões de um ou outro caso. Reservas em queda acentuada (como no Egito, em 2011-2012) revelam que o país está intervindo nos mercados cambiais para proteger a moeda nacional contra a desvalorização. Nessa situação, se o país ficar sem reservas, a consequência pode ser grave queda na atividade econômica, grande desvalorização cambial e o surgimento de mercados de câmbio paralelos.

SALDO EM CONTA-CORRENTE

O saldo em conta-corrente é bom indicador de risco em termos de potenciais movimentos de moedas e aumentos da dívida externa. É fácil monitorá-lo, embora seja preciso ter consciência de que esse resultado pode mudar com rapidez, impondo a necessidade de monitoramento frequente.

Em termos simples, considere esse saldo resultado em grande parte do confronto de exportações e importações. Se o país, consistentemente, exportar mais do que importa, o resultado é superávit em conta-corrente. Se importar mais do que exporta, a conta-corrente passa a gerar déficit. Quando as importações superam as exportações, as pessoas passam a vender a moeda nacional para comprar moeda estrangeira e pagar os bens oriundos do exterior. Na medida em que a moeda nacional é mais vendida que comprada, ela perde valor. Agora, se o país também for capaz de atrair investimentos estrangeiros em volumes suficientes (ou seja, estrangeiros trazendo moeda estrangeira, que vendem para comprar moeda nacional), a tendência à desvalorização pode ser compensada e não se concretizar.

Assim, os executivos devem monitorar o saldo em conta – corrente dos países em que operam com regularidade. Alguns paradigmas internacionais dizem que o déficit em conta-corrente não deve ser superior a 3% ou 4% do PIB durante muito tempo – do contrário, a consequência pode ser depreciação contínua ou, pior ainda, desvalorização abrupta da moeda nacional. O truque é verificar até que ponto o déficit em conta-corrente está sendo compensado por investimentos estrangeiros diretos. Se a compensação for suficiente, reduz-se ou neutraliza-se o risco de desvalorização.

Contudo, se a lacuna em conta-corrente não for coberta por bons investimentos estrangeiros diretos, mas, em vez disso, por entradas de dinheiro quente, os executivos devem ter consciência de que talvez a moeda nacional pareça forte por motivos impróprios. Se o dinheiro quente deixar o país, a moeda nacional cairá subitamente. Além disso, se a lacuna não for preenchida por bons investimentos estrangeiros diretos e se o país também não receber dinheiro quente, as autoridades provavelmente terão de gastar as reservas internacionais ou contrair empréstimos para proteger o valor da moeda nacional, o que talvez seja insustentável.

CONCLUSÃO

SEM DÚVIDA, ESTAMOS AVANÇANDO para um período de desafios vibrantes e excepcionais para os executivos que operam em mercados emergentes. As pressões sobre os executivos para produzir mais em mercados emergentes será cada vez maior e apenas as empresas que realmente os levarem a sério em termos de estratégia, recursos, foco e compromisso, se darão bem nessa nova fronteira. Qualquer empreendimento que adote abordagem morna e imediatista não conseguirá superar os concorrentes e não alcançará a sustentabilidade almejada.

Enquanto espero meu voo para os Estados Unidos, onde farei uma exposição ao conselho de administração de um de meus clientes multinacionais, estou pensando sobre o material que me enviaram para leitura. Constato que são líderes do mercado nos Estados Unidos e em grande parte da Europa Ocidental e que estão presentes em mais de 100 mercados emergentes, mas não são líderes em 85% deles. Em alguns, não se incluem nem entre os cinco maiores concorrentes. E estou curioso para saber se o CEO, com quem me encontrarei pela primeira vez, quer comprometer-se com os mercados emergentes no longo prazo ou se está interessado apenas no curto prazo e nos resultados trimestrais. Se ele for imediatista, todas as recomendações deste livro se perderão em ouvidos moucos. Como sempre, eventos desse tipo são pura diversão intelectual, independentemente da decisão final do CEO!

Boa sorte para todos os leitores, em busca de mais crescimento nesses mercados vibrantes – e boa viagem!

Cartão Resposta

05012 0048-7/2003-DR/RJ
Elsevier Editora Ltda

....CORREIOS....

SAC | 0800 026 53 40
ELSEVIER | sac@elsevier.com.br

CARTÃO RESPOSTA
Não é necessário selar

O SELO SERÁ PAGO POR
Elsevier Editora Ltda

20299-999 - Rio de Janeiro - RJ

---

nosso trabalho para atendê-lo(la) melhor e aos outros leitores.
Por favor, preencha o formulário abaixo e envie pelos correios ou acesse www.elsevier.com.br/cartaoresposta. Agradecemos sua colaboração.

Seu nome: _____

Sexo: ☐ Feminino ☐ Masculino   CPF: _____

Endereço: _____

E-mail: _____

Curso ou Profissão: _____

Ano/Período em que estuda: _____

Livro adquirido e autor: _____

Como conheceu o livro?

☐ Mala direta   ☐ E-mail da Campus/Elsevier
☐ Recomendação de amigo   ☐ Anúncio (onde?) _____
☐ Recomendação de professor
☐ Site (qual?) _____   ☐ Resenha em jornal, revista ou blog
☐ Evento (qual?) _____ ☐ Outros (quais?) _____

Onde costuma comprar livros?

☐ Internet. Quais sites? _____
☐ Livrarias ☐ Feiras e eventos ☐ Mala direta

☐ Quero receber informações e ofertas especiais sobre livros da Campus/Elsevier e Parceiros.

Siga-nos no twitter @CampusElsevier

Qual(is) o(s) conteúdo(s) de seu interesse?

Concursos
- [ ] Administração Pública e Orçamento
- [ ] Arquivologia
- [ ] Atualidades
- [ ] Ciências Exatas
- [ ] Contabilidade
- [ ] Direito e Legislação
- [ ] Economia
- [ ] Educação Física
- [ ] Engenharia
- [ ] Física
- [ ] Gestão de Pessoas
- [ ] Informática
- [ ] Língua Portuguesa
- [ ] Línguas Estrangeiras
- [ ] Saúde
- [ ] Sistema Financeiro e Bancário
- [ ] Técnicas de Estudo e Motivação
- [ ] Todas as Áreas
- [ ] Outros (quais?) _____

Educação & Referência
- [ ] Comportamento
- [ ] Desenvolvimento Sustentável
- [ ] Dicionários e Enciclopédias
- [ ] Divulgação Científica
- [ ] Educação Familiar
- [ ] Finanças Pessoais
- [ ] Idiomas
- [ ] Interesse Geral
- [ ] Motivação
- [ ] Qualidade de Vida
- [ ] Sociedade e Política

Jurídicos
- [ ] Direito e Processo do Trabalho/Previdenciário
- [ ] Direito Processual Civil
- [ ] Direito e Processo Penal
- [ ] Direito Administrativo
- [ ] Direito Constitucional
- [ ] Direito Civil
- [ ] Direito Empresarial
- [ ] Direito Econômico e Concorrencial
- [ ] Direito do Consumidor
- [ ] Linguagem Jurídica/Argumentação/Monografia
- [ ] Direito Ambiental
- [ ] Filosofia e Teoria do Direito/Ética
- [ ] Direito Internacional
- [ ] História e Introdução ao Direito
- [ ] Sociologia Jurídica
- [ ] Todas as Áreas

Media Technology
- [ ] Animação e Computação Gráfica
- [ ] Áudio
- [ ] Filme e Vídeo
- [ ] Fotografia
- [ ] Jogos
- [ ] Multimídia e Web

Negócios
- [ ] Administração/Gestão Empresarial
- [ ] Biografias
- [ ] Carreira e Liderança Empresariais
- [ ] E-business
- [ ] Estratégia
- [ ] Light Business
- [ ] Marketing/Vendas
- [ ] RH/Gestão de Pessoas
- [ ] Tecnologia

Universitários
- [ ] Administração
- [ ] Ciências Políticas
- [ ] Computação
- [ ] Comunicação
- [ ] Economia
- [ ] Engenharia
- [ ] Estatística
- [ ] Finanças
- [ ] Física
- [ ] História
- [ ] Psicologia
- [ ] Relações Internacionais
- [ ] Turismo

Áreas da Saúde
- [ ]

Outras áreas (quais?): _____

Tem algum comentário sobre este livro que deseja compartilhar conosco?
_____
_____

Atenção: